梦山书系

捍卫童年的语文

李建华 著

海峡出版发行集团
福建教育出版社

梦 山 书 系

  "梦山"位于福州城西，与西湖书院、林则徐读书处"桂斋"连襟相依，梦山沉稳、西湖灵动、桂斋儒雅。梦山集山水之气韵，得人文之雅操。福建教育出版社正坐落于西湖之畔、梦山之下，集五十余年梓行之内蕴，以"立足教育、服务社会、开智启蒙、惠泽生命"为宗旨，将教育类读物出版作为肩上重任之一，教育类读物自具一格，理论读物品韵秀出，教师专业成长读物春风化雨。

  "梦"是理想、是希望，所谓"梦想成真"；"山"是丰碑，是名山事业。"积土成山，风雨兴焉"，我们希望通过点点滴滴的辛勤积累，能矗起教育的高山；希望有志于教育的专家、学者能鼓荡起教育改革的风雨。

  "梦山书系"力图集教育研究之菁华，成就教育的名山事业之梦。

目 录

序
童年，是儿童语文学习的花期 …………………… 薛法根（1）

第一章 我的课堂：基于儿童"主体"的对话

经典课例编

主体性教学：引领学生做学习的主人
　　——《水乡歌》教学实录与案例解读 ………………（3）
选择性学习：学生喜爱的"自助餐"
　　——《草原》教学实录与案例解读 ………………（10）
互动对话：让学生在精神家园中自主畅游
　　——《最大的麦穗》教学实录与思辨 ………………（17）

教学设计编

感悟浓浓的"语文味"
　　——三年级下册《槐乡五月》教学设计 ………………（25）
以学定教，顺学而导
　　——四年级下册《特殊的葬礼》教学设计 ………………（34）
"言意情"在读写结合中"习得"
　　——六年级下册《理想的风筝》教学设计 ………………（41）

激励发现　举一反三
　　——三年级下册习作3《我的发现》教学设计 ………… (49)
体验"活动式"作文的快乐
　　——四年级作文《有趣的"张冠李戴"》教学设计 …… (54)
细致地捕捉内心的想法
　　——五年级下册习作1《童年趣事》讲评设计 ………… (58)

教学品评编

读出琅琅的书声和感受
　　——三年级上册《做一片美的叶子》教学品评 ………… (64)
让学生快乐"感悟"文本语言
　　——四年级上册《桂花雨》教学片段品评 ………… (67)
我教学生"多角度"命题
　　——小学作文命题教学片段品评 ………………… (73)
将"资料语言"转化为自己的话
　　——管建刚老师作文教学片段赏析 ………………… (79)

第二章　我的观点：成就儿童"语用"的精彩

"有效"教学：为儿童的语文学习"减负" ………………… (85)
阅读教学价值引导的几个"经典"方式 ………………… (90)
规范语言文字的现状和对策 ………………………………… (96)
让"教学细节"成就课堂精彩
　　——小学语文"教学细节"的现状反思和操作策略例谈
　　………………………………………………………… (100)
小学古诗文"经典诵读"教学新方式的尝试 ……………… (107)

让"拓展教学"走上理性化的轨道

  ——小学语文拓展性阅读教学价值的缺失与矫正例谈

  ………………………………………………………………(112)

立足素质教育,发挥小学语文考试的功能 ……………(117)

阅读教学中"预设"与"生成"的操作策略例谈 ………(121)

小学语文"感悟教学"策略例谈 ………………………(126)

第三章　我的求索：回归"读懂"儿童的科研

十年磨一剑

  ——让教学研究走进生命的历程 …………………(137)

问渠哪得活水来？

  ——我参与教科研的"一二三" ……………………(142)

小学语文教学中渗透美术因素的研究 …………………(146)

小学高年级画写联姻的实践与思考 ……………………(149)

小学语文课堂提问"有效性"的观察报告

  ——以《江雪》一课为例 ……………………………(154)

学法指导：让学生亲历由"鱼"获"渔"的历程

  ——小学阅读教学"学法指导"策略例谈 …………(158)

"小报作文"有效性的实践与探索

  ——参加管建刚"名师工作室"小报作文实验浅谈 …(164)

改变作文流程，拓展作文天地 …………………………(168)

创民主型课堂，做民主型教师

  ——"如何在课堂教学中实施民主教育"吴江行知网络沙龙

  ………………………………………………………………(171)

开出一朵具体的"花" ……………………………………(178)

第四章 我的思绪：守望儿童"成长"的快乐

学生故事编

老师，我也想要…… ……………………………………（183）
由写字获奖想到的 ………………………………………（185）
尊重儿童：从"因材施教"开始 …………………………（186）
"请把汗擦掉" ……………………………………………（188）
难忘那双忧郁的眼睛 ……………………………………（190）
错误，也是作文的资源 …………………………………（192）
一个苹果的故事 …………………………………………（195）

读书慎思编

多一点真心的试验
　　——读《陶行知文集》有感 …………………………（199）
吐纳自己的智慧
　　——读《教育智慧从哪里来》有感 …………………（202）
理念：在于自己的执行
　　——读《没有任何借口》有感 ………………………（206）
阅读　借鉴　实践
　　——《言语教学论》读后交流 ………………………（208）
心怀感激 …………………………………………………（213）

第五章 明师心语：向着明亮"你我"的那方

银杏之歌
　　——致我的启蒙老师 …………………………………（219）
青春默默辉煌 ……………………………………………（221）

在陶行知墓前
  ——遥寄万世师表陶行知先生 …………………（223）
浓浓"恩来"情
  ——致我敬仰的魏书生先生 …………………（224）
做名阳光的教师 …………………………………（226）
难忘师恩 …………………………………………（227）

附录
我的自我审视 ……………………………………（229）

后记
语文,"自家"的那些事? ………………………（234）

童年，是儿童语文学习的花期

薛法根

有人说："无论是色彩斑斓的月季，还是傲霜斗雪的腊梅，都有自己的花期。"在它们的花期里，是否开花，开得如何，决定着花儿是否能实现一株花的价值。在它们的花期里，如果开花，如果努力开花，月季也好，腊梅也罢，甚至是最不起眼的野花，都能散发属于自己的幽香。开花，决定着花儿的人生。

美国诗人惠特曼在他的《有一个孩子向前走去》中写道："有一个孩子每天向前走去，他看见最初的东西，他就变成那东西，那东西就变成了他的一部分……"童年，确实是学习的最美好的阶段，而童年的语文学习则几乎决定着儿童阅读的一生。

正由于童年语文学习的重要性，所以，或许我们可以这样说：童年，就是儿童语文学习的花期。把握好这个花期，儿童的阅读生命才能灿烂如花。作为儿童的导师，在他们语文学习的花期里，我们应该给予儿童属于他们的语文，即童年语文。很少有人以郑重的态度提出"童年语文"这个概念，而李建华老师却在他新书的封面上，以清秀的楷体书写了"童年的语文"，不，不止童年的语文，在这五个字前李老师还叠加了一个词语：捍卫。听过追寻，听过守望，但还第一次听到有人把"捍卫"和"童年的语文"相结合。这或许是李老师在以自己 15 多万字的书稿来表明自己对小学语文教学的主张，更或许是在表达自己的一种决心：让儿童享受到真正的童年的语文。

童年的语文，应该是以"儿童"为主体的。书页开篇，李老师就以案例的形式提出了自己的教学主张：主体性教学，选择性教学，互动对话。他的可贵之处在于除了提供生动鲜活的案例外，还呈现了自己思考沉淀后的理论探索。"激发主体主动参与——引发主体主动探求——启发主体主动完善——开发主体主动发展"，这是主体性教学流程；"学习目标的选择，学习方法方式的选择，学习内容的选择，作业练习的选择"，这是学生喜爱的"自助餐"；"教师与文本对话，学生与文本对话，学生与学生对话，教师与学生对话"，这是引导学生自主参与的重要策略。一个教学行为的背后就是一种教学思想，细读李老师的每个教学行为，你就会发现他所有的教学行为都书写了一个词汇：儿童。无论是主体性教学，还是选择性教学、互动对话教学，再或者是换个话语表述，都体现了李老师的教学理念：语文学习是儿童的。以儿童为主体的语文学习会根植进儿童的生命。

童年的语文，应该让儿童在言语的国度里尽情畅游。我一贯认为，一篇课文写什么，其实每个学生拿到课文都会有自己多多少少的阅读所得，并不一定全，但绝对不是零的起步。所以语文的学习不仅要关注课文写什么，更要关注怎么写，关注"如何转播信息"的信息。读着李老师的书，我又一次肯定了这一观点。很少有老师提出教学目标制定的策略，并把平时老师忽略的甚至是不屑的问题分析得深入浅出："深入文本，让教学目标体现教学价值：就语文而言，要求深入挖掘典型的有特色的文本语言，如语言的亮点——文中写得精彩的优美规范的富含情理意趣的语言精品；语言的空白点——作者的弦外之意、韵外之致的点睛之笔或主旨所在的语言文字；语言的情感点——能引起学生学习兴奋的情感共鸣的语言文字等媒介。"这些是李老师案例中的教学目标："学习作者见物思人、例举事例、边叙边议的写人方法。""在学文的过程中初步感受作者生动的表达方法，积累自己喜爱的美词佳句并尝试运用。"……积累运用，学习写作方法，这是在他制定的教学目标中最常见的表述。不言而喻，在李老师的语文教学中，言语的学习是教学重要价值之一。

童年的语文，应该是趣味盎然的。因为，快乐的游戏几乎就是童年的象征。评论家班马先生说，游戏精神其实也就是"玩"的精神。语文学习首先要给孩子乐趣，要让孩子在语文中找寻到快乐的元素。细品李老师的作文教学，会发现作文真的是一件欢欣的事。在贴近生活的情境中，在巧妙有趣的游戏里，"为什么写"、"怎么写"、"写成什么样"这些问题，轻轻松松迎刃而解。特别是李老师"小学高年级画写联姻的实践与思考"，为我们打开了一扇别样的语文学习大门。形式的多样、时间的把握、内容的丰富，决定画写联姻的灵活性，更决定了层层递进的画写联姻基本构架，能成功引领学生迈向语文学习的彼岸。它顺应了小学生的年龄特点和心理发展，满足了小学生的成就欲，促进了小学生作文个性化，培养了小学生的创新精神和实践能力，这样的语文难道能说不是童年的语文？

不能与童年的语文相遇在童年的季节里，这将是人生的一大憾事！让我们在童年这个迷人的花期里，做一只赶花的蜜蜂。让我们也能和李老师一样，用最诚挚的态度表明自己的决心：捍卫童年的语文！因为，童年，是儿童语文学习的花期。

2013年2月于盛泽

第一章

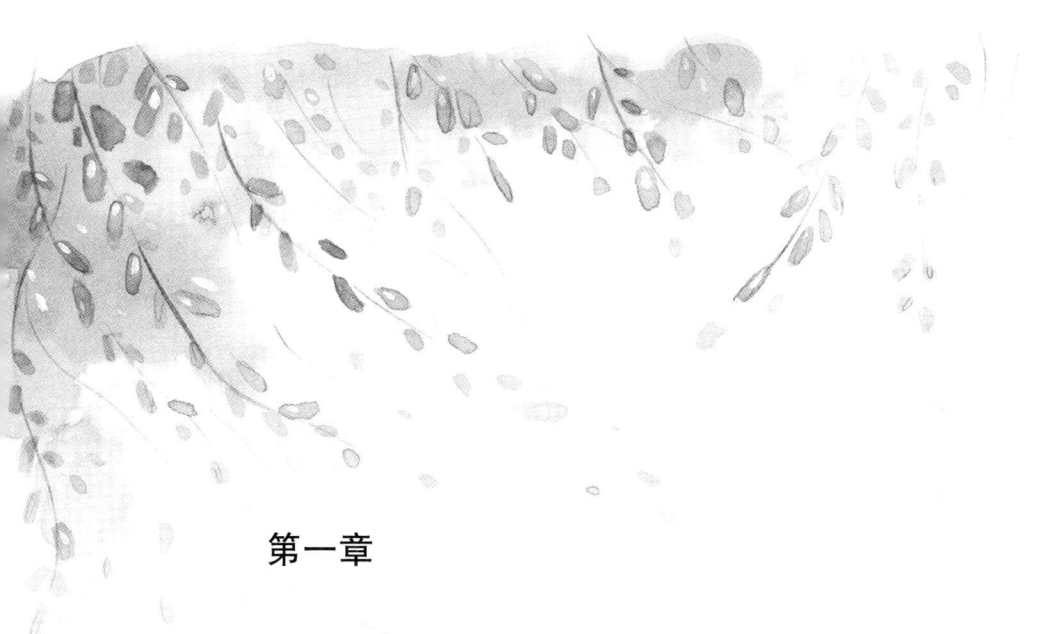

我的课堂：基于儿童"主体"的对话

小学语文主体性教学应在主体教育观念的指导下，重新认识和组织课堂教学，凸显学生主体生命，引导学生主动参与教学过程。

叶子找到自己的位置，为树而活的时候，是多么充满生命的活力；教学找到自己的位置，为有效而教的时候，是多么充满教育的价值和希望；儿童找到自己的位置，为语言和个性发展而学的时候，是多么充满学习的情趣和快乐。

经典课例编

主体性教学：引领学生做学习的主人
——《水乡歌》教学实录与案例解读

【课堂教学实录】

一、创设情景，导入课题——片段一

一走进教室，只见里面布置了学生收集的水乡图片：别致的水乡桥、清幽的河水、绿色的村庄、无边的平原。静静的教室里传来抒情而倍感亲切的《太湖美》的歌声。

师：同学们，刚才听到的是首什么歌？有什么感受？

生1：《太湖美》。我觉得这首歌很美。

生2：我觉得眼前有很多水。

师：这就是我们今天学习的《水乡歌》（齐读）。你们还觉得前面缺了个什么词？

生3：美丽的。

生4：优美的。

生5：动听的。

师：我们一起学赞美水乡的歌。

师：什么地方值得赞美？请同学们自由读课文，看谁读得最认真，最有感受。

（生读）

师：读了课文你有什么感受？

生：水乡很美。

生：水很多。

生：船多。

生：水、船、歌，组成了一幅优美的水乡画。

生：我仿佛听到了优美的歌声。

生：不但人在唱歌，鸟儿也在唱歌。

生：环境优美，所以诗人把它写成一首歌。

师：请你读喜欢的，好吗？

（生读第一节）

师：啊，听你读真舒服！你把自己放进去读了。愿意读的站起来一起读！

二、指导学法，读中感悟——片段二

师：请再读课文，在有疑问的地方写上问号。

（生读、思、划、写）

师：交流一下你的问题？

生1：为什么"歌声会装满一箩又一箩"？

生2：我知道就是"唱了一首又一首"，唱的歌很多很好听的意思。

师：请你把这个意思读出来！

（生2读）

生3："渠"指什么？

师：乡下田里让水流过的沟。

生4："飘满"是什么意思？

师：什么飘满？读读这句话。

（生4读）

师：想想是什么飘满湖面？什么多？

生4：船多！

师：对呀！你能读出这个意思吗？

生4（读）：飘满湖面飘满河。（重读"飘满"）

师：刚才同学们考老师，下面老师考大家。这是一个打比方的句子，谁能说说这个句子把什么比作什么？（出示小黑板）

白帆片片像云朵。

生：这个句子把白帆比作云朵。

师：白帆与白云有什么相同的地方？

生：都是白色的，都可以飘动的。

师：有相同的地方就可以相比了。这样打比方有什么好处？

生：一看就知道水面上有许多船在航行。

师：比一比，谁能在括号里填上合适的内容，成为打比方的句子。（出示小黑板）

1. 红红的太阳像_____。
2. _____像小船。
3. _____像大海一样宽广。
4. _____像_____。

……

师：你从第一节哪些词语感受到水的特点？读一读，找一找，加上小黑点。

（生读、思、找）。

师：交流一下，哪些词语写出水多？

生1：处处。

生2：千条万条。

生3：一个连一个。

师：你们抓住这些词语读出"多"。好的！练读一下。

……

师：水乡什么特点？接下去——

生（接读）：水多——

千条渠万条河

池塘一个连一个

处处绿水荡青波

（生同桌互读。男生问女生答；女生问男生答）

师：小朋友，我们是怎么学这一节的？

生：先读一读什么多，再找一找写多的词语，最后把感受读出来。

师：请各自朗读课文第二节，模仿刚才的学法尝试学习第二节或第三节。

三、总结全文，仿写拓展——片段三

师：你去找一个伙伴，问他什么多？让他回答你，看谁记住了，马上回答你。

（生找、问、答）

师：老师问，你们答。水乡什么多？

生：水多——

师：水乡什么多？

生：船多——

师：水乡什么多？

生：歌多——

师：这三节有什么共同的地方？

生1：我发现都是在赞美水乡。

生2：每一节都有一个问号，问什么多。

生3：有一句用"千……万……"的句式。

生4：都用突出多的词语。

生5：采用问答式。

师：请小朋友当回小诗人，仿照上面的构段方式写一首小诗。

生1（写后交流）：水乡什么多，鱼多。千条鱼万条鱼，装满一箩又一箩，丰年鱼儿鲜又鲜。

生2：水乡什么多，桥多。千座桥万座桥，小桥一座又一座，处处都是桥倒影。

【主体性教学案例解读】

课堂教学是发挥学生主体性的主阵地。新课程小学语文主体性教学应在主体教育观念的指导下重新认识和组织课堂教学，凸显学生主体生命，引导学生主动参与教学过程。

教学动机上，激发主体主动参与。目的是让学生带着高昂的情趣主动投入到课堂教学活动中去。小学生的学习态度是由兴趣决定的，因而必须最大限度地激发学生的学习兴趣。片段一图文并茂，声情并起。可谓"凤头""课伊始，情已起""未成曲调先有情"，学生眼看耳听嘴读，积极性自然被调动起来。片段三中，课文要求背诵，教师并未强调，而是"大雪无痕"地引导学生乐学，鼓励主体选择合作伙伴，通过师生问答、生生问答方式，实现熟读背诵的目的。

教学认识上，引发主体自主探求。教师要适时引领学生运用自我学习策略，变"独奏者"为"伴奏者"，促使学生自我发展，实现"教是为了不教"。片段二中，抓住关键词语是理解课文的方法之一。"飘满"什么意思？想想是什么飘满湖面？什么多？教师引导主体提出问题、解决问题，点拨和引导学生去联系上下文理解，自读自说自悟，可谓恰到好处。而在指导学生理解比喻句时，教师分步走，先让他们感性认识，再逐步推进。教师只讲比喻的两者之间要有共同点，而更多的是学生主体的自主探求，分层练习，由词而句，逐渐提高，掌握得很有分寸。

教学整体上，启发主体主动完善。要使学生把学到的知识在头脑中形成一个完整的体系，就应要求学生把学到的知识融进已有的知识体系中去，变成自己的东西，使学生发表个人独创性的见解和个性化的体验与感受。如片段一，读了课文你有什么感受？学生联系生活背景和原有知识，感受真切，富有多元化：或"水乡很美"；或"水很多"；或"船多"或"像水乡画"。片段二中，教师指导学习第一节后，归纳学法——"先读一读什么多，再找一找写多的词语，最后把感受读出来。"在这基础上，学生模仿写法尝试学习第二节或第三节，较好地落实了"过程与方法"的统一，促使主体和谐发展。

教学效益上，开发主体主动发展。学习的效益体现在会不会应用、会不会创造上。惟有如此，才能理解"知识就是力量"的含义，才能唤起"再学"的欲望，才能达到培养主体能力的境界。片段二中的"仿说比喻句"，片段三中的"请小朋友当回小诗人仿照写小诗"，开发主体在理解的基础上主动发展和创造，可谓"润物无声"、"功到自然成"，达到了"运用是目的，创造是归宿"这一理想境界。

【主体性教学案例反思】

一、概念界定

主体性教学是在新课程思想指导下，通过教师有目的有计划有组织的引导，促使学生张扬个性，积极参与，主动掌握知识与能力，发展智力，养成习惯，促使学生的态度情感品质与语文素养得到和谐活泼的发展。

二、教学流程

主体性教学流程为"激发主体主动参与——引发主体主动探求——启发主体主动完善——开发主体主动发展"，前者是动机阶段，中者是探索阶段，后者是调整阶段，三者贯穿教学过程始终，循环往复，螺旋式上升。

三、课堂表现

自主性：主体支配自己权力的意识及能力，集中表现为自尊、自立、自强等自我意识和自我激发、自我调控、自我评价的能力等。从产生疑问到提出疑问，是学生自主性的充分体现，教师应十分注意这一环节，有机地引导学生勤思考、多分析，培养学生解决问题的能力，使其获得成功的体验，不断激励自己，认识自己，为主动学习奠定基础。

主动性：主体积极自觉地认识和行动，主动选择、参与、适应和改造。其发展的目标表现在成就动机、竞争意识、兴趣求知欲、社会适应性等。教师应创设竞争氛围，促使学生主动参与，主动求知，变"教师带着文本走向学生"为"教师引领学生走向文本"。

创造性：这是主体发展的最高表现和境界。它意味着小学生独立思考、求新求异、想象丰富、能力增强等。创造性发展目标是培养学生的创新意识、创造性思维和动手实际能力等。教师应充分应用主体性理论武装自己，开放教育思想，保护和培养孩子们的创造精神和创造能力，从而使主体愿学、乐学、会学、善学、求新，在创造性的学习中舒展心灵，焕发生命的活力！

（原载《21世纪教育》2005年总第24期）

选择性学习：学生喜爱的"自助餐"
——《草原》教学实录与案例解读

新课程改革把关注学生学习的方法与过程、转变学生学习方式，作为一个引导学生学会学习的关键，作为课程改革的重心。那么如何关注和转变学生学习方式呢？能否给学生自主选择的机会，以更大的热情关注学生的选择性学习方式呢？近来，笔者在《草原》教学中进行了这方面的探索。

【课堂教学实录】

一、课伊始，合作学习，渗透学法——片段一

师：同学们，今天我们一同去领略草原的风光好吗？

（生欣赏草原风光片）

师：草原美吗？看后，你想说些什么？

生：草原很美，很大。

生：草原一望无边，空气清新，白云飘飘。

生：草原上有白色的羊群和明亮的小河，像一幅美丽的图画。

……

师：老师的心和你们一样，也飞向了美丽的草原。（师板书课题，生齐读）请同学们静静地读课文第一段，边读边想：从哪些语句中体会到草原的突出特点？把产生这种感受的语句标出来。

（生自学，小组交流）

师：草原有什么特点？从哪些语句体会到的？

生：我体会到草原很大，从"一碧千里"看出。

生：我从"流入云际"看出来。

生：草原很美。从这里看出：羊群一会儿上了小丘，一会儿又下来，走在哪里都像给无边的绿毯绣上了白色的大花。羊群是动的，成了大白花，

觉得很美。

生（高举手）：美得如画。从"那些小丘的线条是那么柔美，就像只用绿色渲染，不用墨线勾勒的中国画那样，到处翠色欲流，轻轻流入云际"。

师：怎么体会到的？

生：小丘的线条很柔美，看上去很舒服。

师：你们是怎样体会到的？"渲染"与"勾勒"有什么不同？（出示中国画）谁来指一指？

生：指出逐渐染开的部分（渲染），指出墨勾的线条（勾勒）。

生：我从"翠色欲流"体会到草原很绿很绿，因为草绿得像水流下来一样，很鲜亮，充满生机。

生：我从"在这境界里，连骏马和大牛都有时候静立不动，好像回味着草原的无限乐趣"这句体会到草原的美，我觉得骏马和大牛也好像被美丽的草原吸引住了。

师：大家交流得很热烈，请再读读你标出的语句，想想怎样朗读。

……

二、课进行，运用学法，自主选择——片段二

师：刚才我们用"一读，不动笔墨不读书；二交流，学会倾听和归纳；三谈，各抒己见，共享资源；四诵，感情诵读，体会意境"，来学习第一部分草原的美。下面我们就用这种方法学习2至5节。想想：仿照第一节的学习要解决什么问题？

生：这几节分别写了什么？

师：谁能仿照"草原美"提出问题？（板书：人＿＿＿＿？）

生：草原人有什么特点？

生：我想知道老舍爷爷为什么要写这几节。

师：好的。谁能解决？

生：我知道这几节分别写了：欢迎远客、亲切相见、热情款待、联欢话别。

师：哪位同学的问题最有价值？

生：第二位。因为他仿照第一节提问。

师：对。草原人民有什么特点？我们就用刚学到的方法选择自己喜欢的内容去学习，去体会，去感悟。

（生自读，动笔圈画，批注）

师：请大家互动交流，可以选择喜欢的合作伙伴，走过去交流。

（生拿着书欢快地散开走到喜欢的同学那里）

（师巡视，与个别没有找到合作伙伴的同学进行交流，适时点拨）

师：同学们积极讨论和交流，认真倾听和归纳。草原人到底有什么突出特点？从哪里体会到？请各组代表各抒己见。

生：草原人很热情。（板书：人热情）我们从第2节的"忽然，像被一阵风吹来的，远处的小丘上出现了一群马，马上的男女老少穿着各色的衣裳，群马疾驰，襟飘带舞，像一条彩虹向我们飞过来"看出，因为草原人民骑着马，从几十里外赶来迎客。

生：我们小组选择的是"款待"这一节内容。从"吃抓羊肉，敬酒，唱歌"这些蒙古族人民特有的方式中体会到他们很好客，很有民族的风情。（板书：人好客）

生：我们从"大家的语言不同，心可是一样"看出来，虽然说的不是一样的语言，但心里想的是一样的，谈蒙汉民族的团结互助的话语。

生：我从"蒙汉情深何忍别，天涯碧草话斜阳"看出来。我体会到，蒙汉两族人民依依不舍，夕阳西下了还不忍分开，亲如一家。（板书：人亲）

……

三、课将终，自选方式，汇报收获——片段三

师：课文学完了，你能用自己喜欢的方式汇报学习本课的体会或收获吗？可以作诗，可以唱歌，可以画画，可以表演，可以诵读，可以写写……

（生脸上充满欢乐，各自准备自己的收获）

生（上台交流）：我用画画的方式汇报。我画了一幅《敬酒图》，说明

两族人民互敬互爱，结下深厚情谊。（图中还画了碰杯的声音、滴洒的水珠）

生：我也画了一幅画——《迎客图》。瞧，图上穿着蒙古服的当地人民正从马上下来，握着老舍爷爷他们的手，表示热烈欢迎呢！（图底有草，有蒙古包点缀）

生：我用作诗的方式汇报我的收获。我写了一首七言诗《蒙汉缘》："蒙古草原绿又美，牛羊成群色彩明。蒙汉情深不分离，来生有缘再相会！"

……

四、课终，自选作业，延伸拓展——片段四

师：大家学得很专心，也很有自己的想法与做法。老师布置三道自选作业题，你想做哪一题就做哪一题。

生（念题目）：（1）模仿《草原》"抓住特点，有静有动"的写法，写一处景物。（2）以《老舍爷爷，我想对您说》写一篇读后感。（3）利用查到的资料，准备一个《走进草原》主题队会的节目，可以个人表演，可以几人合作。

（生动手练习，完成作业）

【选择性学习案例解读】

一、学习目标的选择

知识的学习、能力的培养和个性的发展是当前语文教学应十分注重的。而学生知识、能力、个性各不相同，有差异性。阅读教学课上，如何兼顾这差异性，落实整体教学目标或情感、技能、知识、运用？构建主体性目标是一种有效的途径。其前提是树立学生主体观。即以学生为主体，鼓励主体自由学习和创造。在片段一中，由观草原风光片引入："你想说些什么"，为主体创设自由表达的宽松氛围，无拘无束，各抒己见，各谈感受，为教学的展开收到"课伊始，情已起"的效果。而学生主体性的发展又有赖于教师的主导。在片段二中，让学生仿照第一节提出解决什么问题？学生的问题各不相同，但如何提出有价值的问题：师指"草原美"并板书

"人＿＿＿＿＿？"学生领悟"人亲"、"人好客"、"人热情"……而这正是要解决的教学目标：在草原美与人情美的熏陶感染下培养爱祖国爱民族的情趣，起到"牵一发而动全身"的效果。因此，教学目标的选择，注重主体与个体的发展离不开教师主导作用的发挥。

二、学习方法、方式的选择

首先，教师要指导学生学会学习的方法、方式。在片段一中指导训练学生用"一读二交流三谈看法四感情读"的方法学习第1节"草原美"，而教第2~5节时，则用这种方法自学，从"欢迎远客、亲切相见、热情款待、联欢话别"的有关语句中感悟、理解、体会和运用。

其次，鼓励选用适宜的学习方法方式开展活动，在不断优化学习方式方法的过程中，发展学生的学习能力。如片段三中，课文学完了，学生用自己喜欢的方法方式汇报本课的体会与收获，受学校美术特色影响的学生画了《敬酒图》、《迎客图》、《草原风景图》……受古诗文影响的则写下《蒙汉缘》、《我爱草原》的诗句……受老师范读影响的则有感情地朗读，或高或低，或明快或舒缓……因此，学习方式方法的选择，便于学生主动参与，发展特长，有利于师生之间、生生之间的讨论、交流、提高，最大限度地发挥学生的主体性。

三、学习内容的选择

允许学生选择最喜欢的内容。《草原》写了"景美"、"人亲"、"情浓"的内容。而文中"迎客、相见、款待、话别"内容又呈并列段式，难度不大，教师就采用扶放结合，允许学生根据自己的能力、水平，选择自己喜欢的内容进行研读。正由于学生选择的是自己喜欢的内容。因而，他们读得入情入境，说得生动热烈，写得有滋有味，特别是片段二中谈蒙古人民的热情好客（人亲）。学生据理力争，各抒己见，滔滔不绝。而片段三中汇报收获的内容也是学生总结全文时的真切感悟，画的、说的、读的、演的，均来自课文，感自内心，抒自心扉，学生在愉悦的心态下投入学习，真正找到"我是学习小主人"这一感觉。

四、作业练习的选择

每个学生都有不同方面的学习优势，也有不尽相同的兴趣指向。教师要充分考虑这种优势与指向。片段四中布置的三道自选作业题，是一种多层次的作业，满足不同学生的能力、兴趣与需要，自主选择作业，爱写的做第一题，有感受的谈读后感，爱演的表演有关草原的节目，或个人表演，或几人合作，有选择的自由度，把选择作业的自主权大胆地交给学生，让学生自选作业，让各类学生既"吃饱"又"吃好"，提高了学生作业的兴趣。

值得一提的是学习评价的选择也是值得注意的。每个学生经验、学习能力、意志水平均有差异，这使评价无法采用统一模式，要因人而异地评价：对自卑型的学生要鼓励其自信大胆参与；对冲动型的学生要帮助其养成良好的思维习惯，有条理地做作业；对智能型的学生要鼓励其发展创新。如片段二中对学生提问的评价，"谁的问题最有价值？"由教师中心转向学生自评与互评、教师评价等，并以鼓励为主，激发其内驱力，以获得更多的收获。

【选择性学习案例反思】

一、学生方面

选择性学习，是学生在教师的指导下，根据自己的能力选择适合自身发展要求的学习目标、内容、方法、速度等方面的自觉自主的学习。它对学习过程具有一定的预测性。因此，一要正确定位，结合教师、同伴反馈，认识自我学习的特点和程度，作出正确选择；二要善于调节，在首次定位误差后，要迅速调整二次选择。在实际中，要引导学生考虑学情，考虑个体与主体的层次与基础，从现有状况出发，定位于自己"能摘到"的高度，及时提出问题，及时反馈与调整。

二、教师方面

教师要由新课程的理念形态转化为自觉的教学行为，必须树立两种观念：一是平等观。变主宰者为平等、民主、自由氛围的创设者，以朋友和合作者的身份，给学生安全感和成就感，鼓励学生放心大胆地走向选择，走向智慧。二是要视差异为交往资源，组织生生、师生合作，扬长避短，为不同学习水平、不同个性特征的学生提供自由读书、自由思考、自由发表、自我表现与成功体验的机会，使每个个体在自己的可达性目标上得到最优发展。

综上所述，选择性学习是学生主体意识、主体行为、主体能力的体现，是学生通过选择性学习体会到学习是自己有兴趣、有能力、有目标的自我行为。它犹如一道学生喜爱的自助餐，在新课程背景下正以其新颖独特的方式给耗费的阅读教学带来了营养，带来了实惠。

（原载 2001 年新华出版社《中国创新教育》）

互动对话：让学生在精神家园中自主畅游
——《最大的麦穗》教学实录与思辨

"阅读是学生、教师、文本之间的对话过程。"学生知识的掌握，能力的形成，情感的沟通都是在对话、交流的过程中完成的。在《最大的麦穗》的教学中，教师既"走进教材"又"走出教材"，引导学生充分利用有效资源、自主参与、创造性地理解、感悟、运用和评价，互动对话，自主畅游，实现语言与精神的同构互生。

【课堂教学实录】

一、片段一——情景对话，激趣引入

师：六（5）班有个"5"字，大于"1、2、3、4"，学到的知识肯定比1、2、3、4班多。我来考考你们："书读百遍——"

生：——其义自见。

师：读万卷书——

生：——行万里路。

师：夏景一夜无人见——

生：——十里麦苗迷人眼。

师（投影课文插图）：是啊！正是麦子大熟的中午，黄灿灿的麦田流光溢彩，沉甸甸的麦苗多么引人注目啊！这不！大学者苏格拉底带着弟子摘麦穗来了。不过，他是有要求的。（引读：苏格拉底对弟子们说——）

生（接读）：你们去麦地里摘一个最大的麦穗，只许进不许退，我在麦地的尽头等你们。

师：读出要求了吗？

生：你们去麦地里摘一个最大的麦穗，只许进不许退，我在麦地的尽头等你们。（强调"最大的"、"只许进不许退"）

师：为什么这样读？

生：因为苏格拉底的要求很清楚，没有商量的余地。

二、片段二——批注课文，文本对话

师：读书有声音是一种展示，合作讨论也是一种学习形式。课文《最大的麦穗》是一个精神家园，去动脑思考，用心讨论，一定会有许多美丽的收获。

（生自由读课文 2~6 自然段。用直线画出弟子们摘麦穗时表现的句子；用波浪线画出苏格拉底教育学生的话，在文字旁边写上点滴感受。）

师：对话交流弟子摘麦穗的表现。

生：我从"埋头""低头"感悟到弟子们的认真。

生：我从两个"看看这一株"、"摇了摇头"感悟到弟子们犹豫不决。

生：我从"用心""埋头"感悟到弟子们眼光不够开阔。

师：为什么会这样？（引读："他们总认为最大的那一穗还在前面呢。虽然，弟子们也试着摘了几穗，但并不满意，便随手扔掉了。他们总以为机会还很多，完全没有必要过早地定夺。"）

师：让我们小组准备演一演，表达出自己感悟到的。

……

师（生演后）：我想采访演员，可以吗？

生：可以！

师（对弟子）：你为什么"埋头""低头"？

生：弟子要认真地挑选最大的麦穗啊！

师：为什么两次"看看这一株"、"摇了摇头"？

生：我想后面应该有更大的等着我！

师：你如梦初醒了吗？

生：嗨！我已经到头了，没有摘到麦穗，真有些羞愧啊！

生：没有最大，只有比较大。

师（对苏格拉底）：为什么说他们已经到头了？

生：我的弟子们只顾找，没有把握时间和机会。

生：我的弟子们没有完成我的要求。我很惋惜！

师（对摇头晃脑的麦穗）：你似乎在嘲笑他们什么？

生：他们这些弟子只顾眼前，目光真短浅啊！

生：他们这些弟子还是要多多反思啊！

师：读到这里，你有什么感受？用"虽然……但……"、"即使……也……"说几句话。

生：苏格拉底虽然要求不高，但弟子们还是没有找到最大的麦穗，即使是大学者的弟子，也有缺点呀！

生：我觉得，虽然是像摘麦穗这样的小事，但要求不当的话，即使像苏格拉底一样的大学者，也会无法实现不合实际的远大理想。

三、片段三——师生对话，精神互动

师（引读）：苏格拉底的弟子们听了老师的话，悟出这样一个道理——

生（接读）："追求应该是最大的，但把眼前的一穗拿在手中，这才是实实在在的。"

师：从哪些词你体会到什么？这段话使你想到了什么？

生：我从"眼前的一穗"体会到实实在在的东西就在眼前。

生：我从"最大的追求"体会到实现远大的理想要从把握机会，实实在在开始。

生：我想到我到商店买牛奶，从第一种挑起，想着要满意的，结果到底也没有找到，只好随便取了一盒包装差的了。

生：苏格拉底教导学生不在教室，不用课本，而是让学生通过体验自己悟出道理。他是一个好老师！

生：我想人应该有理想，既要重视理想，也要面对现实。我希望自己将来当一名像苏格拉底一样的老师，不过，要让他们实现目标，达到要求！

四、片段四——真诚对话，延伸总结

师：同学们，老师所追求的是成为一名优秀的教师，今天对我来说，

上好这堂课就是"最大的麦穗",明天又有新的挑战。人生的目标永无止境。没有最好,只有更好。只有把握身边的机会,踏踏实实干好每一件事,我们才能有所收获。所以,有许多人送给我们许多名言警句。请欣赏——

生(投影配乐读):《明日歌》。明日复明日,明日何其多!我生待明日,万事成蹉跎。世人若被明日累,春来秋去老将至。朝看水东流,暮看日西坠。百年明日能几何?请君听我《明日歌》!

生:机会是每个人都有的,但许多人都不知道他们已碰到它了。——生物学家,达尔文。

师:拿起笔,写下自己的名言,并书写上"称号"与"姓名"。

生(交流):机会面前人人平等——文学家,王萧。

生:用理智架起理想与现实的桥梁——未来哲学家,沈一帆。

……

师:课文学完了,我们兴致勃勃地走进最大的麦穗这个精神家园,不知不觉发现自己变了,变得聪明,变得更有创造性了。

【教学思辨】

《语文课程标准》指出:"阅读是学生、教师、文本之间的对话过程。"这是说,阅读教学的过程应该是学生、教师、文本碰撞的过程,情感交流的过程。学生知识的掌握,能力的形成,情感的沟通都是在对话、交流的过程中完成的。

一、"师""本"对话,把握预见性

"师""本"对话,就是钻研教材。教材是教学的凭借,教师对它的价值和内涵的发掘,是进行教学设计的前提。读书是教师与文本对话的重要途径,只有通过读书才能发现课文的内涵所在,理解作者的写作目的,弄清作者表达的方式,才能找到训练、培养学生语文素养的切入口。

语文课程具有丰富的人文内涵。从课程广度看,上至天文,下至地理,古今中外,无所不包;从课程深度看,或赏心悦目,或回味无穷,或动人心魄，或刻骨铭心；从课程效度看，可提升道德境界，可培养审美情趣，可启迪人生智慧，可丰富文化底蕴。语文课程标准指出："语文课程丰富的人文内涵对学生精神领域的反应往往是多元的。"这就允许学生在课堂上有自己的独特体验。他们的体验也许会五花八门，也许会让老师始料不及。因此，教师在与文本对话时应有所预料。一来可以为教师上课时正确评价学生做准备，二来是在学生课上只有一元理解时，可深入引出多元。如解读弟子们的动作神态表现时，对于关键词句"埋头""低头"等文字，预见到不同的学生应该有不同的感悟和多元个性的理解：或从"埋头""低头"感悟到弟子们的认真；或从两个"看看这一株"、"摇了摇头"感悟到弟子们的犹豫不决；或从"用心""埋头"感悟到弟子们眼光不够开阔。不难看出，学生正是如此以自己的个性解读多元的文本，实现个性化的阅读理解。

二、"生""本"对话，把握自主性

语文教学与其他学科相比，在对话上有着独特的魅力。语文教材很精彩：或文字优美，琅琅上口；或形象生动，扣人心弦；或哲理深刻，发人深省……语文学习更精彩：可以在富有韵味的语言世界里去体验五彩斑斓的生活，去感悟善恶美丑的人性，去实现心灵与心灵的沟通。课文本身就是一个敞开的文本，具有生命的灵性。古人常说，读书就是能突破时间和空间的距离，打破年龄和阶层的区别，与作者进行精神上的交流。也有人说："活人读死书，可以把书读活；死书读活人，可以把人读死。"这些话形象地告诉我们：读书要把书看成动态的，有灵性的东西，要调动自身的经验去进行心灵的交流。阅读教学不正是读书吗？课堂作为学生读书的场所，那么老师首先要保证学生能独立、充分、深入地与文本对话，实际中，我是这样处理的。

（1）给学生自主对话的时间。片段二，"读书有声音是展示，合作讨论也是一种学习形式。课文《最大的麦穗》是一个精神家园，去动脑思考，用心讨论，一定会有许多美丽的收获。""自由读课文 2~6 自然段。画出弟子们摘麦穗时的表现的句子、苏格拉底教育学生的话，在文字旁边写上点滴感受。"没有过多要求，只有阅读的期待和精神的信赖，学生充分自由地读文、批注、交流，教师舍得给时间，学生舍得花时间下工夫，从而为学生与文本对话做了有效的铺垫。

（2）给学生自主对话的空间。教师在学生演后进行采访，可谓独具匠心。在"埋头""低头"中弟子感悟到认真地挑选麦穗。在两次"看看这一株"、"摇了摇头"中弟子们盼想后面应该有更大的等着自己！而对苏格拉底表演已经到头了，则惋惜之意跃然纸面："弟子们只顾找，没有把握时间和机会"、"你们这些弟子还是要多多反思啊！"在表演中，学生尽情投入，生动活泼，如同鱼跃，好似鸟飞。对话的空间成了学生发展的空间，成了展示精神阅读史的有效平台。

（3）给学生自主训练的平台。语文姓语，语言的理解、运用和创造是阅读教学的落脚点与归宿。例如用关联词语"虽然……但……""即使……也……"说话；学生写自己的名言……这些是符合语言学习的规律，是落实知识与能力目标的凭借，是有效的语言载体，教师不唯语言而语言，精心预设文本语言，有效训练课文要求的语言，这是难能可贵的！

三、"生""生"对话，把握开放性

学生与学生之间的对话包括同桌的交流、小组间的交流和全班交流等几种对话的模式。在语文课程的实施中，教师要真正彻底摒弃自己唱主角、几个优秀学生当配角、大多数学生当群众演员甚至听众的状况，让所有学生动起来。"一千个人便有一千个哈姆雷特。"读书也罢，教学也罢，一个人有一个人的看法，一个人发表了看法，其他人便是一种积收，学生间的对话无处不在，它能使个体认识更为成熟，更为全面。在这种对话中不乏讨论、辩论，不乏新思想。我想也正是他们完全不同的见解，才会促成新的意义的创造。这就要求教者在学生反复读文的基础上，当学生有一定的领悟和体验时，有意识地让他们交流汇报自己的理解情况。

一是把握对话时机。在片段二中，读课文 2～6 自然段后的小组交流、学生表演前后；在片段3中，学生对苏格拉底话的感悟、对生活的联系，就

较好地做到了这一点。二是培养协作精神。为完成表演，学生深入读文，精心策划故事情节，表现特点，为培养学生的协作精神，奠定了有效的基础。三是激发学习热情。小学生天真活泼，好动贪玩，自制力不是很强，但都有较强的表现欲望，爱游戏，爱活动。因此，在教学中，根据摘麦穗的内容，在充分预习的基础上，让他们自由组合，自行设计，把课文编成课本剧，这样既可以使学生在活动中进行对话，又调动了他们的主动性，激发了学习的欲望。

四、"师""生"对话，把握平等性

新课程标准强调："语文教学应在师生平等对话的过程中进行。"课堂上，老师与学生是平等的，不再存在老师居高临下的局面，老师一言堂这一传统教学模式已被改变。平等是课堂上和谐氛围产生的前提，是发挥学生自主性的保障，是老师观念转变的一个标志。教师在课堂中要创设一种和谐的氛围，一种宽松的教学方式。现代教学论认为教学过程是师生交往，积极互动，共同发展的过程。

（1）营造民主的课堂氛围。真正的对话是在民主平等的前提下，师生双方精神敞开后的互动交流。包括知与情两个方面：从知角度而言，教师与学生只是先知与后知的关系，不存在卑尊关系；从情角度而言，教师与学生一样，拥有独立的人格和丰富的情感，师生关系是形与影的自由亲和，是声与响的相得益彰。片段二中，"我想采访演员，可以吗？""可以！"教师既巧妙尊重学生又合理创设氛围，引导出学生对文本的感悟，是民主平等的做法。

（2）设计开放的交流话题。师生对话绝不是单纯的教师问，学生答的问答式。它要求教师与学生融为一体，分享彼此的思考、见解，交流彼此的情感、观念和理念。在此基础上，教师还应提供信息，引导学生进一步去发现，去探索，求得共识。片段三中——让我们也拿起笔，写下自己的名言，并书写上"称号"与"姓名"。于是"文学家王萧"交流"机会面前人人平等"、"未来哲学家沈一帆"交流"用理智架起理想与现实的桥梁"

……设计的开放与学生自我名言的创作，促使学生在字里行间自由生成，流露出对文本的个性化感悟与创造性理解。

（3）善用激励的评价话语。在实际生活中，每个人都需要善意的赞美。作为教师来说，赞美学生是一种感情的投入，是驱使奋发向上、锐意进取的动力源泉。教师的一个笑脸，一句发自内心的鼓励或者一次诚恳的期望，都会触及学生的心灵，甚至让对方感到震撼。例如片段一中，教师用数字、古诗的导引，结尾配乐诵读《明日歌》的拓展，循序渐进，其乐融融，较有效地激发了学生的学习积极性。因此，教师在与学生的对话中，要善用激励性的语言。老师充满激情的鼓励话语，学生是终生难忘的！

当然，看待事物应该一分为二。如果课堂上给予更充分的阅读时间、更充分的自主对话空间，语言训练会更加到位，学生会更有发展，效果会更好！

综上所述，互动对话是一种新的理念，实践中教师只有善待课堂，引导学生充分利用有效资源与信息，与文本对话，探究性、创造性地感受、理解、评价、鉴赏文本，既挖掘理解语言又训练感悟创造语言，既"走进教材"又"走出教材"，才能教学合一，在精神家园中自主畅游，实现语言与精神的同构互生，实现知识与能力、过程与方法、态度情感与价值观的和谐共振。

教学设计编

感悟浓浓的"语文味"
——三年级下册《槐乡五月》教学设计

【教学理念】

倡导自主、合作、探究的学习方式，以生为本，以读为主，充分发挥多种媒体的优势，揣摩品读，想象感悟规范、精美、鲜活的语言，指导学生尽情投放和施展精力、智力、心力等，促使学生既得到语言的内化与方法的指导，又受到文本情感的熏陶与审美情趣的享受，努力实现工具性与人文性的和谐统一。

【目标预设】

1. 学生能运用多种方式正确、流利、有感情地朗读课文；在熟读基础上自选方法背诵课文。

2. 学会10个生字以及理解其组成的词语；理解品味积累语言，学习欣赏优美词句。

3. 借助具体的语言材料，感受槐乡五月的美丽景色，感受槐乡孩子的勤劳能干、热情好客和纯朴可爱，激发学生对生活的热爱之情；感悟"花美人更美"的主旨。

【教学重点难点】

1. 借助表现特点的词语和对称句、长短句、抒情句、中心句等文字，感悟槐乡五月的美丽和槐乡孩子的热情纯朴可爱，激发学生对生活的热爱之情。

2. 为什么说"五月，是槐花飘香的季节，是槐乡孩子的季节"？

【设计思路】

以"槐"导入,猜想内容,在激发阅读期待中初读课文,整体感知内容,创设情景,实践"读——品——感——创"的课堂教学模式,感悟槐乡的景美花香、孩子的美丽可爱,自主生发"花美人更美"的主旨。

【教学过程】

一、导入新课,激发学习兴趣

1. 今天我们学习一篇新课文,请看老师写字。

(1)(板书"槐")这是什么字?一起念。

(2)谁能一口气说几个带"槐"字的词语。相机出示"槐花""槐树""槐乡"的画面。(板书:乡)

(3)如果我想看槐花,你建议什么时候去?(板书:五月)

(4)齐读课题。(分别用强调地点、时间、赞美抒情等不同的方法读)

2. 当"槐乡五月"这个课题映入你眼帘的时候,你希望课文告诉我们什么?

【设计意图】教师扣"槐"引入,用组词等语文方式揭示课题,借助画面,了解"槐花""槐树""槐乡",紧紧抓住"找感觉",通过感情朗读课题,说说希望,激发了学生的学习兴趣,为下一步的学习做好了情感的启动与铺垫。

二、初读课文,整体感知内容

1. 学生自读。出示要求:①把字音读准、句子读通;②查字典并联系上下文,理解生字新词的意思。

2. 检查自学效果。

(1)出示词块。

```
洋槐          酿出        拌上
坡坡岗岗      挎走        醇香、浓香
瑞雪初降      摆出        香喷喷        甜丝丝
白茫茫        白生生      傻乎乎地卧    浸在香海中
玉雕似的圆球  喜盈盈的满足  吃咸的，浇上麻油、蒜泥、陈醋
```

（2）指名读、齐读。（点拨：读准前鼻音"陈"；翘舌音"醇"；平舌音"蒜""醋"；"浸""襟"音节相同声调不同。）

（3）比较三组词块发现什么？

（4）照样子说 3~5 个 ABB 式的词语。

3. 分自然段指名朗读，相机指导。

4. 概括说话：课文写了哪些内容？尽量用文中的词和句。

5. 指导写字。注意"挎""顿""咸"的笔顺与间架结构。

【设计意图】在明确要求、指导学习方法的基础上，让学生充分自读；分"槐乡""孩子""槐花饭"三组词块进行有意义地学习，扫清阅读障碍；理清思路，用文中词句概述主要内容，整体把握。这是比较适合小学中年级学生的心理和运用语言的规律的。

三、品读第一自然段，感受槐乡的景美花香

1. 听教师配乐《请到我的家乡来》范读第一自然段。学生想象：五月，当我们走进槐乡，看到什么？听到什么？闻到什么？

2. 边读边在自己最喜欢的句子下画线，并在小组说说你喜欢的理由。

3. 班级交流，品词感悟，想象画面。

（1）引领感悟槐乡全景图，感受槐花多、白、美及带给人的喜悦。

> 槐乡的山山洼洼，坡坡岗岗，似瑞雪初降，一片白茫茫。

①指名有感情地朗读。

②能说说你喜欢的原因吗？（相机板书：多、白）

③小结：你看，山山洼洼，坡坡岗岗，一片白茫茫。槐花可真多啊，一起来读读。

（2）感悟槐花远景近景图，主要感受槐花生命的旺盛及形态之美。

> 有的槐花抱在一起，远看像玉雕的圆球；有的槐花一条一条地挂满枝头，近看如维吾尔族姑娘披散在肩头上的小辫儿。

①能说说你喜欢的理由吗？

②边读边想象，把句子读美。

③这是作者眼中的槐花，像什么？（出示图片：玉雕的圆球、维吾尔族小姑娘的小辫儿）

④你眼中的槐花是什么样的，像什么？

⑤指名填空：我眼中的槐花像_____。

小结：无论是远看槐花，还是近看槐花，槐花总是那样美。

（3）感悟蜜蜂采蜜、孩子采花图，通过诗一样的语言体会孩子勤劳与喜盈盈的心情。

①过渡：多美多香的槐花呀，瞧，把谁给引来了？（出示句子，指名读）

> "嗡嗡嗡……"小蜜蜂飞来了，采走了香的粉，酿出了甜的蜜。"啪啪啪……"孩子们跑来了，篮儿挎走白生生的槐花，心里装着喜盈盈的满足。

②想象说话："嗡嗡嗡"是小蜜蜂的语言，猜猜，小蜜蜂在说什么？

③指导品读句子，感受诗的韵味。

```
"嗡嗡嗡……"          "啪啪啪……"
小蜜蜂飞来了，        孩子们跑来了，
采走了              篮儿挎走
香的粉，             白生生的槐花，
酿出了              心里装着
甜的蜜。             喜盈盈的满足。
```

（4）感悟槐花飘香图，品读"香"的词语，联系上文感受槐花飘香的美好意境。

中午，桌上就摆出了香喷喷的槐花饭，清香、醇香、浓香……这时候，连风打的旋儿都香气扑鼻，整个槐乡都浸在香海中了。

①能说说你喜欢的理由吗？（板书：香）哪些词语写出了槐花的香味？

②（出示：清香、醇香、浓香）读读这三种"香"。

③（打乱顺序出示：醇香、清香、浓香）这样排列行不行？

④（三种"香"一个比一个大地出示）是啊，一个比一个香，一个比一个浓，把这种感觉读出来。还从哪个标点符号看出来？（省略号）

⑤越来越香，香得无法用语言来形容。到处都是香味，所以说整个槐乡都浸在香海中了。（点击"浸"字为红色）闻起来可真舒服。来，舒舒服服地读一读这几句话，让我们也能闻到香味，谁愿意来试试？

4. 小结：槐花真美呀，难怪，一到五月，孩子们就要高兴地喊起来——五月，洋槐花开了！他们是多么得快乐！四处的树，满眼的花，人浮在香气里，香气浸入到每一个人心里去，真是个飘香的季节。让我们齐读第一自然段，再次感受槐花的美与香吧。

5. 配乐朗读，读出感情。

【设计意图】以读为主，多种形式的朗读富有层次。教师通过有感情的

配乐范读，创设文本情景；通过想象读，联系四幅槐花图，感受特点；通过品词析读感悟如诗一样的语言；通过学生配乐读和熟读，读出浓浓的"语文味"，从而感受槐乡的景美与语言魅力，为进一步感悟"花美人更美"做了有效的铺垫。

四、精读第二、三自然段，感悟孩子的美丽可爱

（一）品读第二自然段。

1. 过渡：来到槐乡，看到了美丽的槐花，闻到了迷人香味，小朋友都被这香气熏醉了，傻乎乎地卧在槐树下怎么也不肯回家呢，热情好客的小主人又是怎样来招待他们的朋友呢？轻声读读课文第2小节。

2. 同桌两人表演熏醉的"我"和槐乡的孩子。紧扣"拉到、送、外加"，教师相机点评。（板书：热情好客、聪明能干）

3. 指名交流：你为什么"熏醉"、"傻乎乎"？

4. 指导朗读：喜欢吃咸的就读咸的那一句，喜欢吃甜的就读甜的那一句。

5. 填空背诵：槐乡的孩子真_____啊，你一走进槐乡，他们准会_____；你离开槐乡，他们还会_____。

6. 小结：这迷人的花，醉人的香，还有好客的小主人，真让人流连忘返。作者情不自禁地拍下了小姑娘和小小子玩乐的镜头。读读第三小节，感受一下他们的快乐吧！

（二）品读第三自然段。

1. 自由读，你感受到什么？（快乐）

2. 配上动作演读：女生学用槐花打扮自己，男生学用槐花享享口福。

3. 全班交流。

（1）槐花使姑娘更俊俏，借一个"飘"字体会快乐。

①小姑娘，你的快乐是什么？扣"别、戴"点拨（板书：俊俏美丽）

②人怎么会飘呢？作者写错了？谁来帮我解决这个疑惑？

③小姑娘有了槐花的装点,变得更俊俏了,她们心里真快乐呀,连走路都那么轻松,就像一朵云飘了起来。

(2) 槐花让小小子大饱口福,借一个"塞"字感受喜爱之情,快乐之心。

①小小子快乐什么?

②出示句子:

> 小小子呢,衣裤的口袋里装的是槐花,手上拿的还是槐花。他们大大咧咧的,不时就朝嘴里塞上一把,甜丝丝、香喷喷的,可真有口福呢。

③大大咧咧的小小子们生吃槐花,可真有口福呀!扣"大大咧咧、塞上一把"点拨。(板书:纯朴可爱)

4. 小结:看,槐乡的孩子多幸福,槐乡的孩子多快乐。现在我们就是槐乡的孩子,一起来享受快乐吧!

5. 分角色读第三自然段。

【设计意图】教学是教师、学生与文本的对话过程,教师凭借语言文字,通过品析词句、演读、合作探究等恰当的方式,理解课文,积累内化,读到心里;又通过读中交流、外显表达,促使主体在欢乐的气氛中感悟语言,体会孩子的聪明能干、俊俏美丽、纯朴可爱。

五、精读第四自然段,感悟"花美人更美"

1. 指读最后一个自然段。

> 五月,是槐花飘香的季节,是槐乡孩子的季节。

2. (出示:五月,是槐花飘香的季节,_____。)能在后面加上一句话,来说明五月是槐花飘香的季节吗?看看课文中的语句,找一两句话来说明。

3. 过渡:五月,不但是槐花飘香的季节,也是槐乡孩子的季节。(出示：五月，是槐乡孩子的季节，_____。)

4. 为什么这样说呢？你能用课文中的句子来说明？

5. 齐读：五月，是槐花飘香的季节，五月，是槐乡孩子的季节。

6. 小结：花美人更美。

【设计意图】巧借文本，有意识地在课堂上帮学生搭起了说话练习的平台，这样的教学方法不但帮助学生又一次走进了文本，对全文的内容作了一个总结，而且培养了学生的概括能力，训练了学生的语言表达能力，也使文本中的语言内化为了学生自己的语言。

六、联系全文，总结回归主旨

1. 课文的最后一个自然段与前面的自然段有什么联系吗？

2. 读了课文，你想说什么？

3. 指导用看图背、记关键词背、想象背、填空背等方式背诵课文，允许自选句子或段落。

4. 小结：槐花是洁白无瑕的花，是芬芳四溢的花，是装扮孩子、让孩子们大饱口福的花。槐乡的孩子是勤劳能干的孩子，是热情好客的孩子，是纯朴可爱的孩子。作者巧妙地把槐花与槐乡孩子融为一体，写花又写人，真切自然地抒发了对槐乡五月的喜爱之情。

【设计意图】遵循"整体——部分——整体"的原则，回归全文，联系上下文内容，认识段落之间的逻辑关系，交流表达学习课文以后的感受，背诵积累优美语言，步步巩固与深入文本价值取向，自然生发"花美人更美"的主旨。

七、延伸拓展，自主选做作业

槐乡的孩子请你帮助，为即将举行的"槐花节"出一些金点子：

1. 为槐花节设计几句广告用语。

2. 给槐花饭、蜜、茶等土特产起个好听的名字。

3. 对槐乡风景区建设提出一些建议。

4. 帮槐乡的小导游设计一段简短的解说词。

【设计意图】"语文课程必须根据学生身心发展和语文学习的特点,关注学生的个体差异和不同的学习需求。"新颖别致的作业唤起学生极大的兴趣和热情,小组根据需要选择适宜自己的作业,学生沉浸在积极的情绪、敏捷的思维和丰富的想象之中。作业让学生进一步掌握了课文内容,内化了语言,拓展了思维,分享学习的快乐和课堂的活力,为教学增添了无穷的魅力。本课整体设计以生为本,以读为主,实现对文本的深层对话,花与人交融,人与情相映,语言与人文和谐统一!

【板书设计】

> **槐乡五月**
>
> 槐花　白　香　甜
>
> 孩子　热情好客　俊俏美丽　纯朴可爱……

以学定教，顺学而导

——四年级下册《特殊的葬礼》教学设计

【设计理念】

根据小学中年级学生学习情况，以学定教，顺学而导，相机生成。注意三维目标的有机融合，引导学生感受语言文字的魅力和课文的文化内涵，重视学生语文素养形成的过程。

【教学目标】

1. 在认读生字词的基础上，能正确、流利、有感情地朗读课文。

2. 抓住重点的词句，理解课文内容，感受瀑布原来的雄伟气势和而今的枯竭情景，从而产生保护地球的强烈愿望。

3. 在学文的过程中初步感受作者生动的表达方法，积累自己喜爱的美词佳句并尝试运用。

【教学重点难点】

1. 抓住重点词句，引领学生走进文本，感受赛特凯达斯瀑布原来的壮观和而今的枯竭以及变化原因。

2. 读中积累运用语言，培养语感，唤起学生对美好环境的向往，增强环保的意识。

【教学过程】

一、导入课题，激趣质疑

1. 先请大家看老师写一个字，这是个生字，谁会读？

"葬"是什么意思呢？谁看着字形猜一猜。瞧，看着字形我们就猜出了意思，祖国的汉字是多么有趣呀！

2. 人死了要举行一个仪式，这就叫（板书"葬礼"）。

3. 再看老师写一个词，（板书"特殊"）这个词中也有个生字，谁会读？知道与"特殊"相反的词语吗？

4. 把题目连起来读，谁来？（用彩笔在"葬礼"前加"特殊的"）

5. 看到这一题目，大家会提出哪些问题？（为谁举行葬礼？为什么要为它举行葬礼？为什么说这是特殊的葬礼？）

【设计意图】"以学定教"要了解学情。教学了解学生，扣"葬"的字形猜意思，扣"特殊"找相反的词语，扣题目质疑并提出有价值的问题，步步激发在学生的最近发展区，引发学习语文的兴趣。

二、初读课文，整体感知

1. 我们就带着这些问题，自由大声地朗读课文，要求读准生字词的字音，读通句子，读通课文。

2. 检查生字词。

（1）第一组：减少　下旬　教授　重演　慕名而来　滔滔不绝

指名读，正音。讨论字形，如"滔"的笔顺、"慕"心字底的左右点。由释"慕名而来"归纳拆词解词法。由释"重演"归纳联系上下文解词法。齐读两遍。

（2）第二组：拉丁美洲　巴西　巴拉那河　塞特凯达斯　菲格雷特

音译词语要读得慢，读正确，再读流畅。自由读，指名读。

你了解这些词语吗？能够将这些词语连起来说一说吗？演示"洲"的笔画并书空。

【设计意图】"以学定教"要有机整合。第一组词语，主要解决汉语言词语的音、形、义，并相机归纳词语的理解方法；第二组词语主要解决外来音译词语的读法和意思，各有侧重。特别是第二组词语，没有必要深究其具体的意思，只要弄清他们之间的关系，连起来说一说就可以了，从而提高了生字教学的效率。

3. 将生词放到课文里再读一读。边读边思考先前读课题时提出的三个问题。

4. 重点读读课文的第一、七、八自然段，找出特殊的原因。

第一自然段：一个国家的总统，亲自主持葬礼是为了一条瀑布——对象很特殊。

第七自然段：有来自世界各地的专家教授以及大批热爱大自然的人们——葬礼很隆重。

第八自然段：号召人们行动起来！——意义很特殊。（板书：意义：保护环境，爱护地球）

5. 讨论交流。相机归纳"地方"、"人员"、"对象"、"方式"特殊。

6. 用"因为……所以"说说"特殊"的原因。

【设计意图】"以学定教"要遵循规律。把词语放到课文中去读，做到"字不离词，词不离句，句不离篇"，这是语文教学的基本规律。教师引导学生读过两遍课文，围绕"特殊"进行课文内容的归纳也就水到渠成。

三、精读第三至五自然段，感悟瀑布

（一）精读第三自然段，想象朗读，感悟赞美雄伟壮观。

1. 让我们一起看看赛特凯达斯瀑布的样子吧，选择自己喜欢的方式读课文的第二段，并且用笔画出课文中相关的句子。

2. 交流自己所画的句子。（出示第三自然段文字片断）

3. 你觉得曾经的赛特凯达斯瀑布怎样？你从哪些词语中体会到了它的雄伟壮观？

4. 读读这段补充资料，你从哪些数字体会到它的雄伟壮观？

> 塞特凯达斯大瀑布又名瓜伊雷瀑布。瀑布宽3200米，被岩石分割成18股飞流的系列瀑布，每秒钟就有1万立方米的水从几十米的高处飞泻而下，溅起的水雾飘飘洒洒，有时高达近百米。据说在30千米外，瀑布的巨响声还清晰可闻。

5. 想亲耳听听瀑布的声音吗，想亲眼看看瀑布的样子吗？（播放录像）

（师述：听到了吗？这就叫——咆哮而下；看到了吗？这就叫——滔滔不绝、一泻千里、从天而降！）

6. 让我们一起来读这些词语，感受这雄伟壮观的气势。

7. 这瀑布简直就是生命，让我们把这些词语放到句子中，面对这壮观的景象，有感情地读出生命的伟大。

8. 假如你是游客，看着这雄伟壮观的瀑布，你最想说什么？假如你是巴西人民，你此时此刻是怎样的心情？（自豪　快乐）

9. 指导学生练读——赛读——齐读。

【设计意图】"以学定教"要尊重选择。教师尊重学生选择喜欢的方式，结合所画的语言文字，揣摩课文中丰富而优美的词语在表情达意方面的作用；引发学生假设游客，想象说话，在文本中"走个来回"。

（二）精读第五段，扣词说话，感受逐渐枯竭。

1. 过渡引读：但这雄伟的景观，竟然不辞而别。因为——（生：瀑布周围的许多工人用水毫无节制，浪费了大量的水资源）因为——（生：沿河两岸的森林被乱砍滥伐，又造成了水土大量流失）大瀑布的水量因此逐年减少。

2. 同学们，当年的大瀑布让我们感受到它的雄伟壮观，如今的瀑布又让我们感受到什么呢？请大家自由轻声地读这段文字，用心感受。（出示第五自然段文字片断）

3. 同学们，读了这段文字，哪些词语最令你感到伤感？（板书：逐渐枯竭）

4. 是呀——曾经雄伟壮观，如今却逐渐枯竭，怎能不令人伤感呢？曾经咆哮而下，如今却无奈地低下了头，怎能不令人伤感呢？曾经一泻千里，如今却奄奄一息，怎能不令人伤感呢？曾经滔滔不绝，如今却逐渐消亡，怎能不令人伤感呢？曾经流连忘返，如今却失望地离去，怎能不令人伤感呢？

5. 指导说话，想象样子。

```
瀑布曾经_____，如今却_____像_____。
____曾经_____，如今却_____像_____。
……
```

6. 是呀，这一切怎能不令人伤感呢？谁能把这种感受通过朗读表达出来？（指名一位声音低沉的女生）

7. 配乐朗读：男生起立，竖起大拇指自豪地读第三自然段；女生充满伤感地读第五自然段。

8. 假如你是游客，面对曾经的瀑布"流连忘返"什么？你面对今天的瀑布"慕名而来"又"失望而去"，有什么感慨呢？

9. 比较写法：你喜欢这样对比的写法吗？为什么？（对比手法烘托了事物的形象和主题，同学们在以后作文中可以借鉴运用。）

【设计意图】"顺学而导"要巧妙导学。通过创设情景、联系生活经验等方法理解重点词句，感受变化与原因；在理解的基础上想象说话和表达，体现了"认识——理解——运用"的学习过程。而配乐朗读、比较写法则巧妙地引导学生在与文本深入对话的过程中，学到写法，达成"过程和方法"的合一。

四、精读第六自然段，感悟"特殊"，回归主题

1. 引读第六自然段。

师：这奄奄一息的瀑布已经让人们伤心不已了，可科学家预测，过不了多久——（生：瀑布将完全消失。）

师：消息传开，许多人感到——（生：消息传开，许多人感到十分震惊和痛心，同时也唤起了人们保护环境的责任感。他们痛苦地接受了现实，纷纷加入到宣传"保护环境、爱护地球"的行动中。）

2. 假如你是人群中的一位工人，或居民，或游客，或总统，或学生……面对塞特凯达斯瀑布即将消失的痛苦现实，你又有什么感受和表现呢？

【设计意图】"顺学而导"要有效引导。教师以引读的方式，紧扣文本，启发"又有什么感受和表现?"引导学生畅所欲言,前后勾连对比,"一唱三叹",使学生的情感、价值观在深化主旨中得到有效提高。

五、读写演讲词,总结升华主旨

1. 过渡:面对这奄奄一息的瀑布,面对为了眼前利益而不顾环境保护的人们,你一定有许多话要说,菲格雷特总统也有许多话要说,但他的饱含深情的演讲词比较简略,就请你展开想象,把自己的心里话写成一篇演讲稿。

2. 出示小练笔要求,比一比谁写得好!(教师巡视,相机指点,并选择男女生各两位,交流与评价)

> 菲格雷特总统在这次特殊的葬礼上回忆了什么?发出怎样的号召?请同学们发挥自己的想象,写一写。

3. 同学们,通过这堂课的学习,你有什么收获、感受或问题呢?(想一想如今的瀑布怎么样了)

4. 葬礼是在1986年举行的,经过人们将近20年的努力,那塞特凯达斯瀑布现在变得怎样呢?请看投影——这是2006年一位学生家长拍摄到的镜头,看看如今大瀑布的风采,你想说什么?

5. 现在的瀑布风采依然,可见特殊的葬礼举行得及时,具有特殊的价值和意义。在我们身边,人们同样意识到了环境的重要性,看!全世界人们已经积极行动起来了。

(出示指名读:2月2日:世界湿地日;3月22日:世界水日;4月22日:地球日;6月5日:世界环境日;9月16日:国际保护臭氧层日;4月1日至4月7日:爱鸟周)

6. 小结:作为小学生,你能为环保做些什么呢?

7. 齐读板书中的口号吧!

【设计意图】"顺学而导"要建构意义。用读写演讲词的方式,联系"特殊的葬礼"的背景,适度拓展,回归主题,深化了教学的现实意义和价值。

六、自主选择作业，实践延伸

自由选择 1~3 题中的两个：

1. 请用这篇演讲稿进行一次演讲或展示。

2. 请你设计几条"保护环境，爱护地球"的宣传语，警示人们爱护自己美丽的家园。

3. 要使大瀑布的悲剧不再重演，你认为该采取哪些措施，请把想法写下来。

4. 四人小组合作，把以上三个内容办成手抄报，在班上展览。

【设计意图】"顺学而导"要照顾差异。设计多种学生喜欢的语文实践活动，让不同层次的学生自主选择，尊重主体，照顾差异，激发了学生的学习兴趣，促进了语文素养的自主提高。

【板书设计】

```
           特殊的葬礼
          雄伟壮观（昔）
   瀑布                 保护环境、爱护地球
          枯竭消亡（今）
```

"言意情"在读写结合中"习得"
——六年级下册《理想的风筝》教学设计

【设计理念】

　　构建阅读话题,创设阅读空间,品读关键词句,感受人物形象。围绕问题展开讨论,通过品读"笑谈腿疾"、"转写板书"和"追放风筝"这三个事例,抓住语言、动作、神态和心理活动的细节描写,引导学生读一读,品一品,议一议,由浅入深,由表及里,从而感受刘老师乐观向上、挑战自我、热爱生活的崇高品质,使学生得到美的感染和熏陶。

【教学目标】

　　1. 认读本课生字,理解其组成的词语,正确、流利、有感情地朗读课文。

　　2. 品读重点词句,体悟刘老师对工作对生活有着强烈的爱和追求,从而激发学生乐观顽强、热爱生命的感情。

　　3. 学习作者见物思人、例举事例、边叙边议的写人方法。

【教学重点难点】

　　从具体事例的描述中认识刘老师,体会他身残志坚、乐观向上的人生态度;感悟刘老师对作者的影响,了解作者三十年来念念不忘的原因。

【教学过程】

　　一、激情导入,揭示课题

　　1. 同学们,春天来了,你在这个季节里放过风筝吗?这时候,作者常常不由自主地想起他的老师来。今天我们学习《理想的风筝》。(板书课题)

　　2. 读了课题,你有什么疑问吗?

【设计意图】联系儿童生活，引出喜欢的话题，激发学习兴趣。联系课题，质疑解题中引发儿童的阅读期待。

二、初读课文，整体感知

1. 请运用边读边想的方法自由读课文，画出自己喜欢的语句或段落，想一想，你读懂了什么，还有什么不懂的地方，同桌交流。

【设计意图】课题中有些疑问，学生初读就能解决。通过学生动口、动脑、动手，理清课文脉络，了解课文顺序，培养自学能力。

2. 检查积累字词，理解意思。

3. 学生读课文，提出问题，教师归纳：①为什么"我"一看到春天的一些景物，就会不由自主地思念起刘老师？②刘老师在课上讲课与在课下放风筝之间有什么关系？

【设计意图】教育家布鲁巴克认为"最精湛的教学艺术，要遵循的最高准则，就是学生自己提出问题"。鼓励学生质疑问难，对于培养学生主动思考、自主学习的习惯起着重要的作用。教师指导学生提出比较单纯的问题，去比较梳理，使问题集中到主要内容或中心问题上来，促使学生感悟主旨，提取价值。突出了教学目标，激活了学生思维。

三、整合课文，感悟"思念"，练"读"

1. 这篇文章是我们平时写人文章的典范，作者是——（板书：苏叔阳）一位作品与人品都值得我们敬重的大作家。

2. 课文写了刘老师哪三件事？（笑谈腿疾、转写板书、放追风筝）文章写得很美，很细腻，每一句话，每一个字词，每一个标点都浸透着苏叔阳对刘老师浓浓的——思念之情。我选了三个自然段中的句子。

出示：

春天又到了。

每逢这时，我就会不由自主地想起我的刘老师，想起他放上天空的风筝。

刘老师啊，您在哪里？我深深地、深深地思念您……

自由读这三段话，你有什么样的发现或思考？

3. 交流。

要点一：三段话由景写到人，前后呼应，情感层层递进。一切景语皆情语。

要点二：都是以最少的笔墨抒发浓浓的思念之情。

要点三：最后一句，一声呼唤，两个"深深地"和一处省略号，给人意犹未尽、耐人寻味的感觉。

出示省略号的用法：

1. 表示引文的省略；2. 表示语意的含蓄，省略了想法；3. 表示语意的含蓄，省略了无限的思念；4. 表示列举的省略。

想想下面两个句子分别属于哪种？

A. ……女娲氏用手捏泥人捏得累了，便用树枝沾起泥巴向地上甩。

B. 倘若不幸他已经离开了我们……不，他不会的。

4. 指导朗读。

那就用朗读把我们体会到的浓浓的思念之情表达出来吧，我想请三个同学来合作朗诵这三段话，注意：不管你读哪一段，都要在语气、情感上与其它两段前后呼应。生再齐读。

【设计意图】合理选择和整合教学资源、巧妙结合省略号的用法，让学生自主发现作者对刘老师的"思念"之情，激起学生的阅读交流的愿望。同时，指导学生通过语气、情感上的照应，进行合作朗读，读出"思念"之情，比较有层次有成效。

四、导学"笑谈风筝"，感受形象，练"说"

1. 每年春天，作者不由自主地想起刘老师，这是一位什么样的老师？看第 4 自然段"笑谈腿疾"。

2. 交流。

（1）谁先来读读刻画刘老师外貌的句子，体会到什么？

（2）以故事的方式谈自己的腿疾，而且是笑谈，这"笑"字的背后你们体会到一位怎样的老师？刘老师虽然肢体残疾了，可是他的心理并不残疾，是那样的乐观开朗，风趣幽默。你能学着刘老师的样子，笑着谈谈自己的残疾吗？

3. 看看同学们听完故事的反应。

（1）从这段最后两句话，你体会到什么？（出示：教室里腾起一片笑声，是因为_____。但笑过之后，每个学生心里都泛起一股酸涩的感情，是因为_____。同时更增加了对刘老师的尊敬，又是因为_____。）（板书：坚强乐观）

（2）把"泛"字改用"冒""涌"字，哪个好？为什么？

（3）文中学生的表现是一个细节，即"笑声——酸涩——尊敬"，能读好吗？

4. 身体残疾，却那样的乐观幽默，刘老师以他的人格魅力折服了每一位学生，其中也包括我们的作者。

【设计意图】抓住"笑"字，学仿体验，感悟老师形象，在换字比较、揣摩品读中感受细节背后的丰富感情，自然真切地被老师的人格魅力所折服。

五、品学"转写板书""放追风筝"，体验"思念"，练"品"

1. 苏叔阳思念的是刘老师的风筝，可写文章时最先映入苏叔阳眼帘的不是风筝，而是刘老师的什么？请大家再迅速浏览课文，我想听听你们的见解。

2. 交流。

3. 品"圆木拐杖"——"转写板书"。

（1）标出具体描写圆木拐杖的语句或段落，自己再读读想想，有体会的可写一写。

（2）交流：有几处？写得最细腻的是哪一处？那我们就重点读第五节。

（3）请同学们默读第五节，哪些细节之处打动你？

细读第二句，你注意到这里为了写刘老师板书，苏叔阳具体写了他哪

第一章 我的课堂：基于儿童"主体"的对话 / 45

几个动作？

为了一次板书，刘老师竟要做上七个艰难的动作，你体会到什么？

一个年过半百的老师，一天不知要这样跳跃旋转多少次！你又体会到什么？（板书：生命顽强）

出示句式练习：这是一根_____的圆木拐杖，它不仅仅支撑起刘老师的站立，还支撑起_____。

（4）想读一读这一小节吗？指导读好这段话。

多么令人难忘的旋转呀！这一次次的旋转就是动人心弦的细节描写！谁来读一读？

一个年过半百的老师一天不知要这样跳跃旋转多少次。

（谁再来读）

一个年过半百的老师一年不知要这样跳跃旋转多少次。

（还有谁读）

一个年过半百的老师一辈子不知要这样跳跃旋转多少次，那一次次的旋转已经成为孩子心目中最美的舞蹈，让我们共同来记住这美丽的舞蹈吧！

（学生齐读）

4. 品"风筝"——"放追风筝"。

（1）找细节。

终于要谈"风筝"了。苏叔阳为何不亲自放风筝过一过瘾，而偏偏对刘老师放的风筝魂牵梦绕呢？请读一读 7 至 9 节，细细地找一找最让苏叔阳思念的细节，静静地品一品其中的感受。

（2）交流，朗读。

要点一：品"漾"，品"三笑"，体会发自内心的笑、甜蜜的笑、开心的笑、满足的笑、幸福的笑，从这样的笑容中，能看出他忘记了自己的腿疾，忘记了自己的年龄，忘记了自己的坎坷经历。（板书：乐观）

品"漾"。——出示风筝图：你们看，已把自己的风筝放上了蓝天，他仰望白云，注视着那青黑的小燕在风中翱翔盘旋。你哪儿看到刘老师心情的高兴?

——出示句子：我常常站在他旁边，看着他的脸。他脸上漾出那甜蜜的笑，使我觉得他不是一位老人，而是一个和我一样的少年。"漾"就是水面微微动荡，这里用"漾"，你感受到什么？

——过渡：刘老师多么乐观、自强不息，对生活充满了热爱与追求！此时，刘老师微笑着放飞、追赶风筝，他放飞、追赶的只是风筝吗？

要点二：品三个"亲自"。这3个自然段都有一个同样的耐人寻味的细节：亲手制作、亲自放飞、亲自追线。这三个"亲自"，让你看到了一个什么样的刘老师？

小结：是啊，坦然面对生活的不完美，享受生活的每一个细节，这才是真正的热爱生活啊！（板书：热爱生活）

（3）感悟"理想"。

念着刘老师的圆木拐杖，念着刘老师的风筝，念着刘老师的乐观顽强、热爱生活，这一念就思念了近30年啊！出示第10节，指名配乐朗读。听了你的深情朗读，我渐渐明白刘老师在苏叔阳心中放飞的不仅仅是风筝，还有什么——（人生的理想、榜样——做一个乐观顽强、热爱生活的人）（板书：理想的种子）

是啊，30年的时间让苏叔阳对老师无限思念，刘老师放飞了风筝，也放飞了学生的人生理想。

【设计意图】抓住"转写板书"和"放追风筝"的重点词句，特别是品读"转""漾起""亲自"等动作神态，以联系生活、课文插图的语文方式，唤起阅读情趣，朗读出生命的感召力。

六、补充作者背景，升华"思念"，练"写"

1. 这样的刘老师让人感动，让人敬重——他用自身的行动启迪学生感悟人生哲理，树立学生对人生的自信！这样的苏叔阳更让人感动，让人敬重——他用一个学生独有的、细腻的目光捕捉着、回味着、储存着老师的每一个细节，在自己的心中悄悄播下理想的种子，而且深深地影响着自己。

请看——

2. 补充一，你读出了什么？

我也还记得过了二十年以后的那个严冬。我在长城以外的一个荒凉的村庄，经受"脱胎换骨"的革命教育。我记得那带着冰碴的红高粱面糊糊。记得那缩肩拱背的农民木然的眼睛，记得那阳坡下避风的土洞。……在那儿，我曾经蜷缩着睡去，梦见了春天：淙淙的水，摇曳的花。……靠了春天的梦，我熬过了对灵魂的践踏。——苏叔阳《春天的梦》。

3. 补充二，听了苏叔阳的这一段人生经历，你又发现了什么？

1993年患癌症以来，苏叔阳先后多次手术，他年届70岁，仍笔耕不辍，写作300多万字，出书7本，积极乐观地过着每一天。

"心宽一寸，病退一尺"是苏叔阳在十多年抗癌路上最主要的体会，"要把病当朋友看，善待他们。但这个朋友不请自来，还有点小脾气，必须耐心地安抚它。"每次去医院，苏叔阳都不是说去看病，而是说"看老朋友来了"。

4. 苏叔阳和刘老师在精神上是从来都没有分开过！是的，写作是最好的感恩方式。出示最后11节——"刘老师啊，您在哪里？我深深地、深深地思念您……"

齐读。这里的省略号表示什么？

5. 同学们，如果你是苏叔阳，你会对刘老师说什么？写一段话。

出示：刘老师，我想对您说：_____。

6. 学生交流，教师评价并表扬激励。

【设计意图】适度补充作者生活背景，引导学生阅读思考，自主发现苏叔阳和刘老师在精神上的相似之处。并且以"写作是最好的感恩方式"，引导学生想象写话，升华"思念"，达成"言意"合一的境界。

七、联系全文和单元，回归主题，悟"写"

1. 师述：课文选择了刘老师课上"笑谈残腿""转写板书"，课下"放追风筝"这三件事，之间有什么关系？是啊！从热爱工作和热爱生活两个角度，互为例证，层层深入，表现了刘老师生命的顽强、对生活的热爱，这种事例叫"典型事例"，在具体叙述时，还采用了边叙述边议论等写法。

2. 本单元是苏教版六年级的最后一个单元，为我们展示了一组老师形象的课文，分别是哪些老师呢？推荐大家找一找相关主题的文章来读。

3. 布置作业。

（1）出示《读一读，写一写》。

在小学六年的学习和生活中，给你印象最深的老师是谁？他（她）有什么特点？可以用哪些事例表现他（她）的特点？请用饱含深情的笔触写一些，作为献给母校的礼物。

（2）小结：写作是最好的感恩方式，用自己的笔写一写老师。

【设计意图】让学生从书本中走出来，去拓展，去创造，"跳出文本看世界"，读写结合，学用贯通，学生不仅受到刘老师身残志坚的人格魅力的熏陶，还得到人生道路上的引领，树立了正确的人生观。

【板书设计】

```
                    理想的风筝
                笑谈腿疾      生命顽强
        刘老师   转写板书      热爱生活
        学  生   放追风筝      理想的种子
        （写人） （典型事例）  （边叙述边议论）
```

激励发现 举一反三

——三年级下册习作3《我的发现》教学设计

【设计理念】

三年级是习作起步的重要阶段，习作训练时教师要切实引导学生喜爱作文，力求以明确到位的教学目标、生动有趣的教学手段、充实丰富的教学过程，激励学生学会用一颗充满好奇的心去仔细观察，去发现和思考，用简洁朴实的语言细致地表达出来。

【教学目标】

1. 读懂例文，了解怎样用自己的眼睛发现新事物，如何细致地写出事物或活动。

2. 通过例文，激发学生发现和探究的兴趣，鼓励学生用自己的一切感官去观察身边的事物，力求有新的发现。

3. 按要求完成习作，把自己的发现认真细致地写出来。

【教学重难点】

1. 引导学生仔细观察并发现生活中的新事物或新现象。

2. 指导学生展开联想，把自己的发现认真细致地描写出来，做到文通句顺。

【课前准备】

1. 提前一周，引导学生去留心观察周围的生活，寻找新的发现。

2. 在教室专辟一个观察角，题为"我的发现"，鼓励学生及时写下自己的发现，并记录。

【教学过程】

一、范例引路，激趣明法

（一）猜一猜。

1. 导入。你能猜出文中写的是发现了什么？知道是什么原因吗？（课件出示语段）

> 我发现鸡只吃蛋汁而不吃蛋壳，再把蛋壳拣起来一看，蛋壳还挺硬的。我进一步观察，发现这几天十分炎热，鸡不时地扇动翅膀，张开嘴巴，舌头一伸一伸的，好像是热得喘不过气似的。

2. 激励。你真聪明，一下就能猜到"鸡吃蛋汁"是口渴缺水的原因。但是你们能猜出来，还有老师的一半功劳呢！

3. 点拨。老师是怎样把发现写清楚的？（抓住事物的样子与活动、进行联想）

时间地点	事情起因	观察对象	新发现	联想
暑假姥姥家	三天不下蛋	母鸡	吃蛋汁	好像热得喘不过气

4. 过渡。你们想不想和老师比一比，也能抓住事物的变化进行联想呢？我们来读读本次的习作例文，学学小作者是怎样把发现写活的。

（二）读一读。

1. 理解范文。

提示：小作者在观察事物时发现了什么？产生了什么联想？

2. 师生交流。围绕问题点拨与填表，教师结合学生回答进行。

时间地点	事情起因	观察对象	新发现	联想
春天小河边	去玩耍	（1）蚂蚁 （2）甲虫	（1）堆新土 （2）动长须	（1）像细细的沙 （2）像电视机的天线

3. 重点赏读。

(1) 事情起因:春天,我在小河边玩耍。河边长满了嫩绿的草。

(2) 发现联想:①那土一粒一粒的,像细细的沙。②它是深褐色的,头上顶着两根长长的须,像电视机上的天线。③它不停地转动着,大概是想接收春天的信息吧!

4. 明确方法。作者抓住事情起因介绍周围的环境,运用打比方的方法写出发现与联想。

5. 说话巩固。指名两位学生围绕表格小结并解说,巩固印象。

二、多维参与,巧妙表达

(一) 填表格,发散思维。

1. 过渡。作文要"不打无准备之战"。请先在表格内填上我们想写的有关内容。

时间地点	事情起因	观察对象	新发现	联想
暑假姥姥家	三天不下蛋	母鸡	吃蛋汁不吃蛋壳	好像热得喘不过气
春天	小河边	(1) 蚂蚁 (2) 甲虫	(1) 堆新土 (2) 动长须	(1) 像细细的沙 (2) 像电视机的天线
……	……	……	……	……

2. 展示。老师用幻灯投影这几位同学的表格,请大家说说自己的想法,可以帮助补充与评点。

3. 说话。按照这样的句式:"我准备写的对象是在(时间)_____的(地点)_____,观察到的_____,我发现了_____,让我联想到了_____。"

4. 讨论。听了同学们的解说,大家明白了什么呢?

5. 小结。

(1) 观察的对象主要是动物,也可以是植物或人物。

（2）写法"套餐"主要是："事情起因＋新发现＋联想"。写"新发现"可以写事物的样子特点，可以探究事物的活动变化与原因；写联想时可以运用打比方，也可以写出自己当时特有的感觉。

（二）补词语，丰富语言。

1. 要求。同学们分成四组，分别围绕时间地点、事情起因、新发现、联想来进行扩写词句。

2. 出示。

第1组	第2组	第3组	第4组
与时间地点有关的词句	与事情起因有关的词句	与新发现有关的词句	与联想有关的词句
★	★	★	★

3. 激励。一个句子写一行，如果写到第四行就加一颗五角星，每多一行就多加一颗，这是"数量星"；精彩的再评出"质量星"。

4. 讲述。

（1）同桌互说，把话说清楚，运用打比方，并适当联想。

（2）班际交流。

5. 评比。根据数量星和质量星多少评出名次。

（三）露一手，自主表达。

1. 自选对象。学到这儿，我们已经掌握了写法，熟悉了内容，丰富了语言，是举一反三定乾坤的时候了。请选择你认为最能写好的对象去露一手。

2. 自选方法。学生自由选择并组合写法、内容和语言。

3. 自由表达。

（1）大家根据观察对象按照发现过程展开叙述，可用打比方（或谈感受）来表达自己独特的联想。

（2）教师巡视检查指导。

三、主体评价，修改完善

1. 指导修改。

（1）出示典型习作。自读思考：好在哪里？如果有不当的地方想想怎样修改？

（2）重点指导。如何把"自己的发现"写清楚具体，做到文通字顺？（教师投影习作，指名读，并且师生边评边用红笔改正。）

（3）小结。交代时间地点、事情起因，按照发现过程把层次写清楚；用打比方、联想把内容具体。

2. 自我修改。

（1）对照要求，自己修改习作。围绕"是否写出了事情起因"、"是否写清了'发现'过程"、"是否用打比方进行了合理的联想"。

（2）反馈激励。教师巡视指导后，展示认真修改的学生习作，表扬先进，激励后进。

3. 交流感悟。

通过今天的习作，你有什么收获？

四、誊写习作，配画延伸

1. 认真誊写。

要求学生规范书写，字体端正。

2. 自由作业。

可以在习作旁边配画插图，可以张贴于教室"我的发现"观察角内，也可以参加信息发布会等。

体验"活动式"作文的快乐

——四年级作文《有趣的"张冠李戴"》教学设计

【设计理念】

小学中年级作文教学旨在培养学生的作文兴趣,并且把这种兴趣贯彻在整个教学活动之中。教学以有趣的活动方式,经历有趣的过程,表达有趣的感受,使学生"敞开心扉,抒其心志,手写我心",得到兴趣的激发、能力的提高、习作价值的提升。

【教学目标】

1. 通过有趣的体验活动,激发学生的作文兴趣,培养良好的观察习惯。
2. 引导学生参与活动,抓住特点,展开想象,有序表达,体验作文的成功和快乐。

【教学重点难点】

引导学生通过多种感官去观察,用恰当的方式表达人物的表现与感情的变化。

【教学准备】

每位学生一张白纸,课件(包括活动要求、精彩语句)。

【教学过程】

一、导入课题,激发兴趣

1. 导入:今天我们开展一个有趣的游戏——"张冠李戴"。(板书课题)
2. 解题:知道这个成语的意思吗?
3. 啊——同学们一听是游戏,就跃跃欲试,开心极了!说说你刚才看

到听到想到的。(指名3~5人)

4. 反馈：表扬学生仔细观察，清楚表达。

二、明确要求，观察活动

1. 过渡：怎样玩好这次"张冠李戴"的活动并写好这篇作文呢？你有什么金点子？

2. 提示活动要求。

一要通过眼睛、耳朵、大脑多种感官去观察，去捕捉看到的、听到的、想到的信息；二要按照活动顺序，写清活动的过程，写出人物的表现与感情的变化。

3. 想一想，我们应该按什么顺序写？（活动前——活动时——活动后）

4. 示范指导"活动前"。

（1）活动前（从上课到现在）你看到、听到、想到什么？

（2）交流，评价。

5. 重点指导"活动时"。

（1）导入：活动正式开始了，老师准备了四堆纸张，第一组写时间，第二组写地点，第三组写人物，第四组写做的事情。语言应该文明、新颖。

活动：发纸写词，收纸归类。

说话练习：谁来有序地说说刚才分发纸张以及大家写词的过程？把你听到老师发纸时说的话、看到大家写字的情景、你写字时候的想法以及上交纸时大家的表现。

（2）第一次抽读句子，指导观察和说话。

指名三人。一生从四堆纸中各抽出一张；一生把纸上四个词语组成一句通顺的句子；一生在黑板上写下该句子。其余同学仔细观察，准备交流。

说说你看到了什么，听到了什么，想到了什么。（抓住读句同学的吞吞吐吐、笑的同学的不同表现、自己此时的感受或联想）

（3）第二次、第三次抽读句子。抓住抽读的有趣、句子的精彩、掌声的热烈、内心的感想，引导学生进行生动具体地叙述。

6. 适度点拨"活动后"。

"张冠李戴"的活动结束了，你有什么感受？（从"说话要合理""活动真有趣""启迪深刻"等方面去表达。）

三、学生口述，指导表达

1. 按照活动的顺序，口述活动作文。

2. 围绕重点，师生评价。主要看是否抓住重点、说出人物的表现、真切的感受。

3. 还有需要补充的吗？如开头、结尾，有其他的表达方式吗？

四、学生打草稿，教师巡回指导

重点辅导后进生选材、中等生写生动、优秀生创新作文。

五、修改并誊写作文

【附学生习作】

有趣的"张冠李戴"

邹圆圆

"哈哈……哈"嗯——哪来的笑声？哦，原来是五（1）班的同学们在玩"张冠李戴"的游戏呀！

"游戏规则是这样的：第一组写时间，第二组写人物，第三组写地点，第四组写事情。然后请每组一位同学把纸收上来。请3位同学分别抽纸条，读句子和写句子。"李老师话音刚落，大家就欢呼雀跃，有的同学甚至一蹦三尺高。我们准备好了纸，就开始交头接耳，窃窃私语，到底该写什么呢？有的同学一边写，一边偷偷地笑。然后，李老师让我把我们组的纸收上来。现在，该选三名同学了。大家把手举得高高的，都希望自己被选上。李老师选了计天蔚来抽，陆宇波来读。很荣幸——我被选上来写。计天蔚很快就抽好了，陆宇波看着看着，就情不自禁地笑了起来，然后才吞吞吐吐地读了起来："10000亿年前……陈忠玮……在NBA赛场上……跳芭蕾舞。"顿时，教室里像炸开了锅一样，有的同学捧腹大笑，有的前俯后仰，有的捂着嘴在偷偷地笑……程天宜居然站了起来，手舞足蹈地说："笑死我了！哈哈……"是呀，10000亿年前，恐怕陈忠玮的曾曾曾曾祖父还没出生呢，又哪来的他呢？NBA赛场就更别说了。而且他陈忠玮什么时候变成女的了？再看看他，正哭笑不得，脸红红的，一直红到了脖子根……

接着，我们又抽了第二句、第三句……句子一句比一句精彩，掌声一次比一次响亮，笑声一阵比一阵欢快。我们都沉浸在欢乐的海洋中。

"张冠李戴"的游戏结束了，但是我却在想——"我们做任何事情，要合情合理，不能前后矛盾，否则会闹出笑话的"！

细致地捕捉内心的想法

——五年级下册习作1《童年趣事》讲评设计

【设计理念】

　　小学作文讲评要"以生为本"。一是以"学生"为本，根据学生年龄特点和实际情况，预设其"最近发展区"的目标；二是以学生的"作文"为本，把脉作文的现状，对症下药，在讲评中修正、训练和提高。本设计立足两个"本"，学评合一，导练互生，达成讲评的目标，即"细致捕捉内心的想法"。

【教学目标】

　　1. 指导学生懂得如何把《童年趣事》写得更有顺序、有童趣、有实感。

　　2. 运用"删、换、添"的方法，认识和修正"我想""双引号"语病；并学会细致捕捉内心想法和感受。

　　3. 在欣赏和修改中提高作文鉴赏能力，感受成功的快乐。

【教学重点】

　　重点训练学生细致地捕捉自己内心的想法和感受。

【课前准备】

　　1. 阅读学生的习作初稿，了解习作情况，捕捉作文中的亮点，如"精彩的题目""精彩的语句""真切的感受""富有童趣的题材"；发现典型的语病，如"我想"病、"双引号"病。

　　2. 设计训练细致捕捉内心想法的练习纸。

【教学过程】

　　一、揭题

1. 导入：这节课，我们一起评改《童年趣事》。板书课题，齐读。
2. 榜上有名。

本次习作一共收到49篇，写得比较好的有这些同学，让我们一起大声地呼唤他们的名字。（老师念题目，学生接读作者姓名）

《掉牙记》——钮蔓萱　　　　　　《痱子粉大战》——俞峻凯

《气斗小狗》——张宇豪　　　　　《有"趣"的排队》——姚伊纯

《侃侃我的童年趣事》——孙周偲　《盛以则落水记》——陆明远

《我是个小坏蛋》——钱启月　　　《虐待雪人》——钱逸飞

《"看我，'百步穿杨'"》——郝茁屹　《尴尬的趣事》——沈乙禾

二、欣赏

1. 题目。

（1）示例：老师非常欣赏钱启月的《我是个小坏蛋》，一看题目就想读，因为有悬念，引起读者的好奇。"好题文一半"，精彩的题目如同明亮的眼睛。

（2）练习：看下面这3个作文题目，你会先选择哪篇文章来读？

《"看我，'百步穿杨'"》——郝茁屹（引用自己的话和成语）

《虐待雪人》——钱逸飞（运用形象，把雪人当做生命，用"虐待"这词吸引读者）

《尴尬的趣事》——沈乙禾（尴尬，还会有趣吗？运用矛盾。）

（3）小结：看来，拟题是有学问的。好的题目简洁明了、吸引读者。

2. 句子。

过渡：好的题目值得我们欣赏，精彩的句子更值得借鉴。黄易周写的这句话精彩在哪里？

示范：我和妹妹东看看，西瞧瞧。一片小树林映入了我们的眼帘。——黄易周（这句话运用重叠词来写，有节奏感。黄易周你来读一读，读出节奏。）

练习：下面三句呢？

风筝像没有了分量一样，越飞越高，越飞越远。——孙周勰（四字词语的连用，有节奏感。）

童年，这条小溪里，既有欢乐的笑声，也有伤心的眼泪。——周恒（"欢乐的笑声""伤心的眼泪"都是五个字，有节奏感。周恒，这是你自己想出来的，还是无意撞上的？如果你有意这样写，就进入了写作的状态了。）

雏鹰展翅，为了翱翔天宇；猛虎下山，为了称霸丛林。——范越（这段话语言对称，朗朗上口，我们一起读。）

小结：这些句子让我们读到了节奏感，这是他们投入写作的功劳。

三、挑刺

1. 示范。

这次作文中，许多同学捕捉到了自己内心的想法，李响也把内心的想法捕捉出来了。（板书：捕捉内心的想法）

出示：惊慌失措的我也失去了控制，心想，完蛋了，今天不摔个鼻青脸肿才怪呢！——李响

点拨：这里多了两个字——"心想"，删去，请再读。删除以后通顺吗？那是"更通顺""更流畅"。

2. 练习。

（1）练习1：直接删除"我想"。

我便想出了一个馊主意，心里想：要是爸爸也可以和我一样，变成大白人就"有趣"了。——俞凯峻

（这句话，删去什么？小时候，我们的课文里经常有"小猫想""小狗想"，这是编书的人，怕你们读不懂。现在，你们长大了，不需要"我想""我心里想"了。没有"我想"，你们照样读得懂，是不是？）（板书："我想"病）

（2）练习2：加语气词。

我拍拍身上的雪，想：他有雪人的"头"才这么厉害，我也多做几个，就不怕了！——钱逸飞

你觉得删去什么？顺不顺？（"想"换成"哼"。哎呀，好厉害，老师好像也是这么改的。）

（3）练习3：删去"想"前面的双引号。

出示："难道这就是缘分？"我想。8月14日是一个很好的日子，意思是"发要死"，发得要死了。是不是说明我和弟弟以后很有钱呢？——杨一凡

点拨：（板书：删去""）写内心想法的句子，可以不写"我想"，也不需要"双引号"。小时候，我们学的课文，写到内心想法，都用双引号，那也是怕你们读不明白。现在，这根"拐杖"不要了。改了"我想"后面的双引号，写内心想法的句子就干净了。

（4）练习4：删去"想"后面的双引号。

妈妈顺便把桌上的作文本递给了老师。我想："糟了，老师肯定对《我的老师》感兴趣！"——尹泽祥

我一扫，扫到了一个毛茸茸的东西，心里边沾沾自喜："耶——终于抓到你了，看你还往哪儿跑？"结果，摘下一看，是一条狮子狗！——吕静怡

3. 小结。

心里边沾沾自喜，就是自己心里想的话，心里的想法，不需要用双引号。这样的"内心"，干净，简练，有美感。

四、训练

1. 示范。

我班有的同学已经掌握了描写内心的想法，如计歆同学。

示例1：

当我们想把车子转出去时，后面来了个急刹车，"碰"——又撞上了车屁股。这开碰碰车，怎么像在放连环炮，撞了一个又一个？——计歆《开碰碰车》

学生齐读体会：没有用"我想"，却捕捉到自己内心的想法和感觉。

示例2：

过渡：还有一位是我班的范越同学，写自己放弃拉二胡时的内心，就190多字，它用什么法宝呢？老师读不画线的句子，范越读画线的句子——

望着二胡，他变得不再崭新，甚至有一点脏了。<u>何苦呢？我问自己。为了小时候的一个梦想，把自己弄得如此狼狈，值得吗？</u>对，世界上确实有宋飞，有瑜红梅，但又有几个像她们这样"红透大半天"呢？<u>放弃吧！我劝自己。</u>

我站起来，想走回书房。可是，脚却不听使唤走向二胡。我拿着二胡，望着。<u>脑海中突然浮现出了宋飞在灯光闪耀的舞台上演奏的情景，她是光彩夺目，而又有谁知道她在台下的付出呢？对，我不能放弃！</u>我拿起琴，练了起来。——范越

点拨：对比法，写出因"狼狈"而产生放弃的想法，因"光彩"而产生不放弃的想法。（板书：细致）

2. 病例。

过渡：可惜，像范越这样的写法很少，看——

例1：我有些着急了，就叫外婆来看一下。外婆说："你的这颗牙齿还没掉，新牙齿就长出来了。"

例2：外婆把线拴在牙齿上，用力一拉，天哪，我的牙齿竟然没有掉下来，可是我已经大声惨叫起来，嘴里还出血了。我心里害怕极了，想早知道就不拔了。外公马上拿来了冰凉的水。我漱了几下口，终于没事了。

点拨："着急了"，怎么着急？"心里害怕极了"，怎么害怕？没有写具体。如果是范越来写，就可能写具体了。

3. 体验。

(1) 奖励你们猜一个字谜，注意捕捉自己猜到答案前后的内心想法。

——"十八口，猜一个字"

(2) 第二个——"一条小狗四张嘴，猜一个字"。

请把自己内心的想法写下来。

学生上台展示。（点评：恭喜你，捕捉到了内心的想法；把猜想"犬"

的想法写出来了；把猜想"四个口"的摆法写具体了！）

老师写了一篇，有内心想法吗？齐读——

老师轻轻一点，PPT上显示一行字：一条小狗四张嘴。什么？四张嘴的狗？那不是怪胎吗？我脑海里立刻浮现出一个画面：一只有四张嘴巴、八排牙齿的棕毛土狗，瞪着一对眯眯眼，冲着我汪汪大叫。它一口咬下去，四个伤口立刻浮现在腿上。我抛开乱七八糟的思绪，猛地一甩头。嗯，狗就是犬，嘴就是口。一个犬四个口，似乎没这个字呀！难道是哭？如果是的话，这狗就只有两张嘴了，不过，两张嘴的狗已经够唬人了。再加上两张？咱动物研究所见吧！我的头都疼了，咋还想不出来，难道——没这种东西。唉，到底是啥？我还在犹豫之际，答案公布了，是"器"。天啊，我怎么把它给漏了！真是太粗心了。我拍了拍脑袋，不满地撇了撇嘴。

4. 总结。

（1）这堂课，你有什么收获？

（2）人的内心有许多话，把这些想法写下来就是生动、具体。课后，请看自己的作文，有需要加入内心活动的地方吗？加的时候要注意（"我想"病）、注意（"双引号"）、注意写出（细致捕捉内心的想法）。下课！

【板书设计】

```
《童年趣事》作文讲评
"我想"病　删去""
  细致捕捉内心的想法
```

教学品评编

读出琅琅的书声和感受

——三年级上册《做一片美的叶子》教学品评

一、片段一——读出琅琅的书声

师：有人说，语文课堂上最美的声音是琅琅的书声。想不想让你的读书声通过话筒传递给大家？

生：想！

师：为了达到最佳的读书效果，自己先练习朗读课文，好吗？

（生兴趣十足，练习朗读）

师：下面我们按照顺序，请同学分自然段来读。

生：……

生：我们每个人都像叶子，为生活的大树输送（着）营养，让它茁壮、葱翠。

生：……

师：读得怎么样？

生：我觉得这几位同学的读音都很正确，声音也很响亮。

生：我觉得他把第9节中的"着"漏掉了，而且"茁壮"与"葱翠"要读得有力一些。师：你来示范一下。

（生正确流利读这句话）

……

二、片段二——读出自己的感受

师：仔细默读课文，画出你喜欢的好句子，在旁边写下你的感想。

生1（10分钟后交流）：我画出的句子是"每一棵大树都很美，每一片叶子都很美"。我觉得这句话写得很美，用了两个"很美"。

生2：他（生1）应该说出"为什么很美"。

师（一愣）：那你能告诉他吗？

（生摇头）

师：大家一起帮助他解决，好吗？你从哪些语句读到了树与叶子的美？

生3："树像一朵绿色的云，从大地上升起"，写出了树的美丽，绿的颜色，云的样子，好像动的一样。

生4："每一片叶子形态各异——你找不到两片相同的叶子"，讲叶子各不相同，人也一样，我们也有各自的性格。

生5：我从"春天的时候，叶子嫩绿；夏天的时候，叶子肥美；秋叶变黄；冬日飘零——回归大树底下的根"一句中，感到绿叶是有生命的，它四季各有特点，而且为大树而生。

师：你说的是一种生命的美丽。

生：我从"大树把无数的叶子结为一个整体"句子中，读到了无数叶子的美才构成了大树的美。

师：是呀！树因为叶子而美，叶子因为树而美。让我们一起赞美它吧！（出示投影）

那棵大树很美，美在＿＿＿＿＿＿，美在＿＿＿＿＿＿。每一片叶子都很美，美在＿＿＿＿＿＿，美在＿＿＿＿＿＿，美在＿＿＿＿＿＿，美在＿＿＿＿＿＿。

（生口头交流略）

【品评】

有效教学是大家普遍关注的热点问题。有人用这样一个公式来表示：有效教学＝学生投入/学生产出＊100％。语文教学的有效性，体现在40分钟的单位时间里，学生语文素养与能力的发展程度。这里教师要选准合适的切入点，运用恰当的方式，引发孩子的内驱力，激励孩子有效地投入学习。

1. 有效阅读要关注学生的学习兴趣。学习兴趣越浓，投入的程度越高，学习的效果就越好。在片段一中，教师以"通过话筒把读书声传给大家"的新鲜方式激发学生朗读课文的兴趣，犹如"一石激起千层浪"，学生投入到潜心朗读课文的热潮中。同时，教师给予孩子深入读书与思考的时间，花了十多分钟的时间在刀口上，为个性化的阅读奠定了基础。

2. 有效阅读要关注问题的价值与生成。在片段二中，当一位学生提出——他（生1）应该说出"为什么很美"的时候，教师敏锐地发现这是个有价值的问题，富有生成的资源，就以此引玉——"大家一起帮助他解决"。于是，学生联系上下文，联系自己已有的生活经验，谈感受，说看法，从树的色彩美、动态美，从叶的形态美、个体美，到树与叶的整体美，虽然没有直接讲出那几个专用术语，但是学生说得头头是道，尽显个性。至此，"感悟句子写得好和产生的感想"这一阅读的目标，也就"水到渠成"了。

3. 有效阅读要关注学生的语言发展。朗读是个性化阅读感悟的基础，片段一中的朗读，体现了学生由看到读的外化过程，化文字为声音的做法，真实而充满情趣，加上学生的评读和范读，有效地指导了朗读，促进了学生语言的发展。片段二中，设计的"口头赞美"，是学生化课文的语言为自己语言的过程，是学生内化书本语言的飞跃，对学生积累和发展语言是十分有效的。

叶子找到自己的位置，为树而活的时候，是多么充满生命的活力；教学找到自己的位置，为有效而教的时候，是多么充满教育的价值和希望；儿童找到自己的位置，为语言和个性发展而学的时候，是多么充满学习的情趣和快乐。

让学生快乐"感悟"文本语言

——四年级上册《桂花雨》教学片段品评

一、听读第一、二自然段，感悟桂花的姿态与香味

师：老师知道我们四（2）班的同学是会听会说的孩子。听老师读一段话，想想：你听懂了什么？（教师范读第一自然段）

生1：桂花树叶真多。

生2：桂花很小，一点点的，有些笨笨拙拙的。

师：是呀——如果把桂花和梅花比作人，桂花给你什么感受？（出示桂花和梅花的对比图、文字"桂花树不像梅花那么有姿态，笨笨拙拙的，不开花时，只是满树茂密的叶子，开花季节也得仔细地从绿叶丛里找细花"）

生3：不惹眼。

生4：有点笨乎乎的，不像梅花那样，又红又艳丽。

师：用朗读读出你的感受。

（指名两人读——齐读）

师：不开花时——往下读。（生接读后）听懂桂花"笨笨拙拙"外，你还听懂了什么？

生：有香气。

师：用书上的话来说。（出示投影：作者喜欢桂花，是因为＿＿＿＿＿＿＿＿＿。）

生：作者喜欢桂花，是因为桂花不与梅花斗艳。

生：作者喜欢桂花，是因为桂花不与梅花斗艳，而且它的香气味儿十分迷人。

出示：桂花不与梅花斗艳，可是它的香气味儿真是迷人。

师：从这句话，你发现什么？

生：前面讲桂花的姿态不美，后面半句讲桂花的香。

师：是呀，作者话锋一转，用"可是"把内容表达得更加具体了。

师：读第一自然段，读给你的同桌听。

【品评】

教师以生为本，以语文能力训练为本，以听读的方式训练学生专心听细心想，灵活巧妙地把学生带入文本。紧扣桂花的"笨笨拙拙"和"香"两个话题，通过桂花与梅花的图文对比，引导学生说喜欢桂花的原因，朗读出喜爱之情，实现了由形而意，由理解语言到运用文本言语的转化，比较遵循语言习得的规律。

二、精读第三、四自然段，感悟摇花的欢乐

师：让我们闭上眼睛随作者到她童年的家乡去看一看。听老师读第三自然段。

师：你感受到了什么？

生1：作者很淘气。

生2：作者喜悦的心情。

师：第三自然段中哪些句子是写作者快乐的，用笔画出来。

生（画句后交流）：帮着在桂花树下铺竹席，帮着抱桂花树使劲地摇。（师插话：把句子读完整）这下我可乐了，帮着在桂花树下铺竹席，帮着抱桂花树使劲地摇。桂花纷纷落下来，落得我们满头满身，我就喊："啊！真像下雨！好香的雨呀！"

师：读出快乐，老师也想和大家体验一下，我摇，谁一起来？（师与一生一起上台有节奏地"摇桂花"。相机插话："桂花落下来了，快铺席子！""啊，好大的桂花雨，头上、肩膀上、身体上都是啊！"）

师（问该生）：感觉怎样？

生：真快乐！桂花雨下得真大啊！

师：读句子（出示：这下我可乐了，帮着在桂花树下铺竹席，帮着抱桂花树使劲地摇。桂花纷纷落下来，落得我们满头满身，我就喊："啊！真像下雨，好香的雨啊！"）

（指名读——齐读）

师：你们都看到什么了？

生1：桂花纷纷落下。

师：美在哪里？

生1：像雨一样落下来。

生2：下起金色的雨

生3：下起金色的雪花。

生4：落在头上像帽子。

生5：落在头上像母亲的手轻轻地抚摩。

生6：落在脖子里像一条项链。

生7：落在脖子里像一条围巾。

师：真暖和！我真想大喊一声——

生：——啊！真像下雨，好香的雨啊！

（生练读——男生读。教师指导："喊"要大声抒发"快乐"之情；女生读——齐读。）

师：我们和童年的作者一样，感到特别的快乐和激动，盼望着摇桂花。

……

师：摇桂花使作者感到欢乐，也使父母感到快乐。母亲洗净手把桂花放进水晶盘中，父亲点上檀香，炉烟袅袅，两种香混合在一起。于是父亲口占一绝。谁来读父亲的诗？（出示诗句）

生：细细香风淡淡烟，竞收桂子庆丰年。儿童解得摇花乐，花雨缤纷入梦甜。

师：读好这首诗，先要理解，读出快乐，听老师有韵味地范读。你从哪里感受到快乐？

生："丰年乐"读得韵味十足，又轻又长。

（生前后四人练读后，有点拖腔）

（生有韵味地读）

师：读得这么好。想不想把它背出来。能背的一起背。

师：让我们把快乐通过朗读表现出来吧，齐读第三自然段，老师给你们配上音乐。（出示"花雨缤纷落梦来"的画面）

……

【品评】

教师立足文本，在感知全家人"摇花乐"的基础上，抓住"我"和父母的快乐表现，由主而次，层层渲染，凸现"快乐"。用形象创设"摇桂花"的"活动"场景、语言渲染忙碌而快乐的氛围、想象桂花的缤纷飘落、台上台下相机对话"看到什么""心情怎样"，来还原"生活"、表达"摇""喊""乐"；同时紧扣父母表现的文字，读出诗文中蕴涵的快乐感受，使学生的语言得到训练，思维得到发展，兴趣得到激发。

三、精读第四、五、六自然段，感悟桂花情

师（引读）：桂花摇落以后——

生（齐读）：沉浸在桂花香中……还是比不得家乡旧宅院子里的金桂。

师：母亲与桂花之间有一份难以割舍的感情。（出示：母亲忘不了啊！忘不了＿＿＿＿＿＿。）

生1：母亲忘不了啊！忘不了家乡的一草一木。

生2：母亲忘不了啊！忘不了旧宅院子里的金桂。

生3：母亲忘不了啊！忘不了故乡啊！

生4：母亲忘不了啊！忘不了一起摇桂花的欢乐情景啊！

师：一起练读这句话。

（女生读——男生读——齐读）

师：每当这时，我就会想起童年时代的"摇花乐"和那阵阵的桂花雨。这是什么感情？

生：浓浓的乡情。（板书：情）

师：让我们拿起书读出这浓浓的乡情，齐读课文。

【品评】

以"母亲忘不了啊！忘不了_____。"的句式训练语言，充分引导学生想象说话，既回归课文整体，又深化主旨，表达喜爱桂花、怀念家乡的情感。水到渠成的升华缘于学生对"桂花香""摇花乐"的深度理解与感悟，更缘于学生"灵动"的思维。学生感受到作者流淌在字里行间的情感，从而语言得到有效的内化，情感得到进一步的升华。

四、适度延伸，深化主旨

师：作者崎君在《烟愁》中写到这样一段话——（投影）"每回我写到我的父母家人与师友，我都禁不住热泪盈眶……像树木花草一样，谁能没有一个根呢？我若能忘掉故乡，忘掉亲人师友，忘掉童年，我宁愿搁下笔，此生永不再写。"

师：你觉得作者是一个怎样的人？

生1：一个孝顺的人。

生2：一个热爱家乡的人。

生3：一个情感丰富的作家。

生4：一个回忆童年生活的作家。

师：阵阵的桂花雨如同这浓浓的乡情，与一般人不同，她多了一份家乡的感情，值得我们回味。老师在这里推荐两本书《桂花雨》、《城南旧事》。（投影书本封面）

师：苏教版配套的拓展阅读中，有一篇《童年》的文章，是林海音写的，她与本文的作者崎君所表达的感情有什么不一样呢？同学们可以比较阅读与思考。下课！

【品评】

拓展文本的方式很多，但是必须立足文本、立足学生实际。在学生读

《桂花雨》后,适度引入《烟愁》,联系琦君的"思乡情结",为学生感悟人物形象做了有效的铺垫,帮助学生自主关注和阅读课外读物,是本文深化的最佳阐述。那两本图文并茂的读物呈现在学生面前的时候,学生阅读的灵性再次被召唤,语文与生活之间架起了阅读的桥梁。

我教学生"多角度"命题

——小学作文命题教学片段品评

片段一：同一内容的多角度命题

1. 病例。

师：这次习作，有许多同学写了"拔河"这个话题，让人惊讶的是他们几乎用了同样的题目。猜猜看？

生1：拔河比赛。

生2：记一次拔河比赛。

师：是的。这样的作文题目千人一面，好像出自一人。大家想一想：有什么方法让我们的作文题目"好玩"一点呢？我们先来做个小实验。

2. 训练。

将乒乓球置于玻璃试管顶端，请学生用玻璃漏斗从正面对着球吹气。球不落，在"跳舞"。

师：做了这个实验，你有什么发现？

生：要把球吹落是很难的。

生：我觉得脸发烫，嘴里口干舌燥。

生：这小小的乒乓球怎么吹不跑呢？肯定蕴含着科学道理。

生：是四周的空气使乒乓球"鼓"起来的。也许是空气的原理。

生：身边处处有科学，等待我们探究。

师：那判断事物要注意什么？

生：不能仅仅凭自己的经验。

生：世界无奇不有，要眼见为实。

师：如果写这个实验，你打算取什么题目？

生：我用《做个有心人》。

师：用心观察和发现，这是你的感悟。

生：我用《"会跳舞"的乒乓球》。

师：哦，用实验名称来取题，就像《拔河比赛》一样。

生：我用了《生活中的科学》。

生：我用的是《眼见为实，耳听为虚》。

师：这些题目真有意思。现在，让你来写"拔河比赛"这件事，你会用什么题目？

生：《拔河，真有趣》。

师：用自己的感受命题，而且用逗号，强调了"真有趣"。

生：《人心齐，泰山移》。

师：用作文的中心来命题。

生：《胜利一刻》。

师：用特写镜头来命题，吸引读者。

3. 小结。

师：即使写同一个内容，我们也能让题目变得"好玩"一些，也能进行多角度命题。可以从活动名称、内容上命题，可以从标点等形式上强调，可以从表达的中心上点明，也可以用自己的感受、特写镜头来命题，还可以引用警句、谚语，吸引读者，给人启发。

【品评】

针对命题千篇一律的现象，我进行了"同一内容的多角度命题"的教学。先以"猜猜是什么题目"，引出本次作文命题上的不良现象，并以"有什么方法让我们的作文题目'好玩'一点"唤起学生对命题的兴趣和期待。在"乒乓球跳舞"的实验中，学生玩一玩体验、说一说过程、谈一谈感受、取一取题目，富有情趣，乐于参与。柳暗花明，学生发现同样的内容有许多"好玩"的题目。教师又回归"拔河"这一命题，借鉴从不同的角度去命题，点拨和引导学生，从活动名称、表达中心、自己感受、特写镜头、警句谚语等内容，从标点等形式上去表现。同样的话题，多彩的命题，因得到修改，而变得如此惊喜，如此有价值。

片段二：记事类作文的多角度命题

1. 欣赏。

师：请大家读读语文书上的课文目录，找出你喜欢的记事类课文的题目，想想好在哪里？

生：我喜欢《第一朵杏花》，课文围绕"第一朵杏花什么时候开"这件事展开的。

生：我喜欢的是《三顾茅庐》，写了三次拜访诸葛亮的经过。

师：好的题目可以概括全文。

生：我喜欢《苹果里的五角星》，这是邻居小弟弟的发现，是一种创意，用它来命题，比较有新意。

师：好题目是有创意的。

生：我喜欢《"番茄太阳"》，它有三层含义的。

师：看，这些记事类的课文，命题的角度是多样的，有的展开，有的概括，有的创意，有的引用。

2. 练习。

师：请大家读庄婷同学的作文，你觉得这个题目有什么问题？

生：我觉得，她用反问语气，容易使读者产生异议，有"不想回家"的意思。

师：好的题目应该醒目、恰当，让人一读就明白。你想改成什么题目？

生：我想用《回家的感觉》，她第一自然段写看电视吃美味，第二自然段写打羽毛球有兴致，第三自然段写跟家人带着小狗去散步有点累。

师：这是用自己的感觉来命题。好的。

生：我想用三个词——《美味　兴致　累》，从概括几件事情的角度命题。

师：概括得好。

生：我用《放学以后》。

师：从时间的角度来命题。

生：还可以用《回家哆来咪》。

师：有新意。你看，这几位同学从内心感觉的角度、从概括的角度、从时间的角度来命题，很棒。这样的命题才醒目恰当，富有新意。我们读这四个题目。

生：《美味　兴致　累》、《放学以后》、《回家的感觉》、《回家哆来咪》。

【品评】

我从欣赏记事类课文的题目入手，以"找出自己喜欢的"引发学生的兴趣，以"想想好在哪里"追问学生，引导归因，较好地示范了"好的题目力求简洁、醒目、有新意"，使得学生"知其然知其所以然"。再以伙伴的《回家干什么？》为例，激发学生思考。当发现"容易使得读者产生异议"时，大家并没有停留于此，而是"更上一层楼"——"你想改成什么题目"。学生从内心感觉的角度、从概括的角度、从时间的角度，各抒己见，各命其题，去发现记事类作文的命题因"事"而异，去发现此类作文的命题也因"事"而"大同"，即醒目恰当、富有新意。

片段三：写人作文的多角度命题

1. 欣赏。

师："好题文一半"。读读这期周报上的佳作，说说这些题目好在哪里？

生：《"爱哭鬼"表弟》——写出了表弟爱哭的模样。

师：写人的作文，应该紧紧抓住人物的特点来命题。

生：《"神奇"的老爸》——老爸"神奇"在哪里？让读者产生一种很想知道的感觉。

师：抓住"神奇"这一个特点，题目显得简洁明了。

生：《"破坏大王"哥哥》——写出了哥哥破坏的厉害。

师：都快成为"大王"了。（生笑）"破坏大王"这个词语写出程度之深，抓住了哥哥的特点，显得很形象。好的命题还应该是"生动有趣"的。

2. 延伸。

生：《最熟悉的陌生人》——"熟悉"怎么还"陌生"呢？引起我的思考。

师：两个词语前后矛盾，这是"矛盾命题法"。

生：《"不当冒险鬼"》——读了这篇作文，我明白"冒险鬼"指的是姐姐。题目是作者引用了老爸说的话。

师：像这种引用他人的话来命题的方法，叫"引用命题法"。如我们学过的课文《"我不是最弱小的"》等。

3. 练习。

师：连一连，想想下面这些命题分别用了哪些方法？（出示）

《"哭笑不得"的小滟》　　　　　矛盾命题法

《家中的"国宝"》　　　　　　　形象命题法

《慈祥严厉的老师》　　　　　　　引用命题法

（生连线）

生：《"哭笑不得"的小滟》引用了同学说的话，是"引用命题法"。

生：《家中的"国宝"》小作者把自己比作"国宝"熊猫，是形象命题法。

生：《慈爱严厉的老师》是矛盾命题法，"慈爱"又"严厉"，读上去有矛盾。

师：再介绍两种命题法，看——

生：算式命题法。

师：如《慈爱＞严厉》，是从周报上的哪一篇文章变化来的？

生：《慈爱严厉的老师》。

师：这种用"＞""＜""＋""－""＝"等数学符号的命题方法，叫"算式命题法"。第二种，齐读——

生：音乐命题法。

师：如《"咪咪"老师》，是从周报上的哪篇文章中改来的？

生：《有趣的音乐老师》。

师：这种用音乐语言来命题的方法，叫"音乐命题法"。

师：写人作文的命题要抓住特点，要简洁。写人作文的题目还应该是"生动有趣"的，恰当地选择"引用法"、"形象法"、"矛盾法"、"数学法"、"音乐法"等命题方法，文章的"眼睛"——题目才会更加明亮。

【品评】

这个片段，我分三个层次来"教"。

第一层次，我直观投影了获奖的题目，以"说说这些题目好在哪里"来引发。在融洽的师生对话中，有效启导学生去理解写人的题目怎样抓住特点、简洁。第二层次，适度延伸，写人题目可以改得更生动、有趣。还是基于本期周报的佳作，切实引导学生读文题、明方法，从而使学生初步认识"矛盾命题法"、"形象命题法"这两种命题方法。第三层次，训练学生恰当地选择命题方法，这是重点。我引导学生"连一连"，进一步巩固了"引用命题法""形象命题法"和"矛盾命题法"。在此基础上，介绍两种命题法——"算式命题法"和"音乐命题法"。这些来自学生的普通的"不够恰当"的题目，在自我修正和恰当运用中，变得有特点、简洁、生动有趣，学生渐渐学会了多角度命题的方法，提高了写人作文命题的能力。

（原载《语文教学通讯》2012年第7-8C期）

将"资料语言"转化为自己的话
——管建刚老师作文教学片段赏析

【教学片段】

1. 病例。

师：这次的搜集资料作文，最大的问题是，没有将资料语言，转化为自己的语言。

（幻灯出示，下同）

由6万根蕴含植物种子的透明亚克力杆组成的巨型"种子圣殿"——这些触须状的"种子"顶端都带有一个细小的彩色光源，可以组合成多种图案和颜色。所有的触须将会随风轻微摇动，使展馆表面形成各种可变幻的光泽和色彩。

师：请告诉我，这段话，你的作文里有吗？

生：我的作文里有。

生：我的作文里也有。

师：下面这段话，你在哪篇文章里见得到？

进入"种子圣殿"以后，参观者会发现6万根亚克力杆的每一根都含有不同种类，形态各异的种子。可能是一颗松果、一粒咖啡豆，也可能是你叫不上名字的种子……

生：我的作文里有。

生：我同桌的作文里也有。

师：难怪有同学说，资料作文，太简单了，只要网上抄一下就好了。你看，徐哲宇的：

世博园区里的新型公厕将是目前世界上最环保的公厕，也是世界上单体量最大的公厕。世博园区内将设30多座厕所约8000个厕位，创世界上单体量之最。世博公厕采用通风隔热双层屋顶，整体外墙设置统一的遮阳装置、绿墙，使建筑围护结构的内表面温度低于室外空气温度，不用排风扇、鼓风机……

（师读，生笑）

师：大家笑，是因为一听就知道，不是他的话，而是资料里的话。

2. 欣赏。

师：写好"搜集资料"的作文，也要用自己的话，比如——

顶上外围是红色的，里面一层是白色的，中心是绿色的，绿色旁边带着棕色。红色让我想成太阳，白色让我想成白云，绿色让我想成青草，棕色让我想成土壤。这四色让我想成一幅画：肥沃的土地生养着一片片青草，青草上面拂过飘溢的白云，白云上闪烁着太阳的光芒。

——刘振宇

哥本哈根的市民们都十分失落——要与陪伴自己长大的小美人鱼分别半年时间，不习惯哪！不要紧，现在的科技那么发达，不成问题。在小美人鱼的原位安了一块大屏幕，你观看小美人鱼的同时，你的表情、动作，都将传回丹麦的大屏幕，千万小心了，要不，你丢脸丢到丹麦去了！

——李依琳

（生读，体会，感受）

3. 示范。

师：搜集资料作文，一定会用到资料里的意思、内容。比如"由6万根蕴含植物种子的透明亚克力杆组成的巨型'种子圣殿'……使展馆表面形成各种可变幻的光泽和色彩"，你不能直接抄下来，你要转换，将资料的话，转换为"自己的话"。我是这么转换的：

什么？6万根？里面是什么？是植物的种子！种子的顶端还有彩色的光，还能组合成各种的图案和颜色。更叫人惊奇的是，微风吹过，6万根触须随风轻舞，整个馆里顿时五光十色，变幻万千。

（学生鼓掌）

师：写搜集资料的作文，有三个要点。前面讲了两个：第一，确定一个别人没发现的主题；第二，同样的主题，你要想一个不一样的的角度；第三，就是要将"资料的语言"转化为"自己的话"。

4. 练习。

师：徐哲宇抄录的那段话，请你转换成自己的话。怎么"转换"？先读上两遍，再把资料丢在一边，凭自己的印象和感觉来写。

（生写话，交流）

生：就连公厕也如此高级，通风，隔热，遮阳，绿墙，样样俱全。还降温除味，太过分了。通风隔热的屋顶？统一的遮阳、绿墙装置？虹吸原理的除味？听不懂的术语真多，简直是奢侈中的奢侈！

师：老老实实地写自己的感觉，"听不懂"就是"听不懂"，忠实于自己的感觉，自己的文字。这就是语言的"转化"。

生：世博公厕用的是"双夹板"屋顶，阳光晒不进，苍蝇飞不进，外面还有绿色伪装墙，里面就像电冰箱一样爽快！就算外面是三伏天，也能保证你在里面吃棒冰不化，当然只要你有胃口吃得下！还采用了"虹吸除臭法"，几十个人在里面一起屙屎，也会感到自己有活下去的可能！世博会结束，这厕所还能移动，周转世界，继续为人民服务。要是你在厕所里刻几个字，多少年后，你的孙子的孙子会在后面加一句：我祖宗是也。

（生大笑）

师：大家为什么笑？那是荣逸能自己的话，烙上他荣氏特征的话。写资料作文，要完成这样一个"转化"。你将在"转化"里，发现自己，发现"自己的话"是什么样子的。

【赏析】

"有效"讲评，要"以生为本"。这个"以生为本"，最好的、最看得见摸得着的，是以学生的"作文"为本。管老师针对学生直接抄写入文的"资料语言"，引发话题，引起认识冲突，激发修改兴趣，切入学生最近的"语言发展区"，为教师后续的讲评作了铺垫。

"有效"讲评，要"学有情趣"。三个病例来自学生实践，因此老师一呈现，学生就很坦诚地说"我的作文里有"、"我同桌的作文里也有"，大家笑了起来——那是一种挠到个人痒处的惬意的笑，一种问题自知的明悟的笑。这三个病例，引发了讲评期待，创设了和谐的情绪氛围。

　　"有效"讲评，要"发掘价值"。从病例出发，管老师引出观点——"搜集资料"作文，也要用自己的话。老师和学生一起欣赏三个精彩语段，谈体会、感受，发掘意义，生成价值。语段一，合理想象中表现语言的"美"感；语段二，联系名字的共同点，表达语言的"自豪"感；语段三，勇敢地表达语言的"失落"感。三个语段各有千秋，又紧紧围绕"用自己的话表达资料语言"，很好地发挥了示范作用。对照病例，学生切实感受到精彩与平庸的落差。

　　"有效"讲评，要"示范引领"。引领前，管老师明确强调"资料里内容"不能直接抄下来，要转换，将资料的话，转换为"自己的话"。然后回到病例一，指导学生感悟"转换"的本质：尊重愿意，巧妙运用恰当的关键词语。抓住"惊奇"来转换，如关键词"6万根"、"种子的顶端还有彩色的光""6万根触须""变幻万千"。最后在学生的掌声中归纳总结搜集资料作文的三个要点。

　　"有效"讲评，要"学以致用"。管老师以徐哲宇抄录的那段话为起点，指导学生"一读、二丢、三写"。两段改写，起点一致，殊途同归。

　　管老师层次清晰的指导，引领学生逐步感悟"转换"的本质，出色地完成语言转换的学习任务。

（原载《小学语文教师》2011年增刊）

第二章

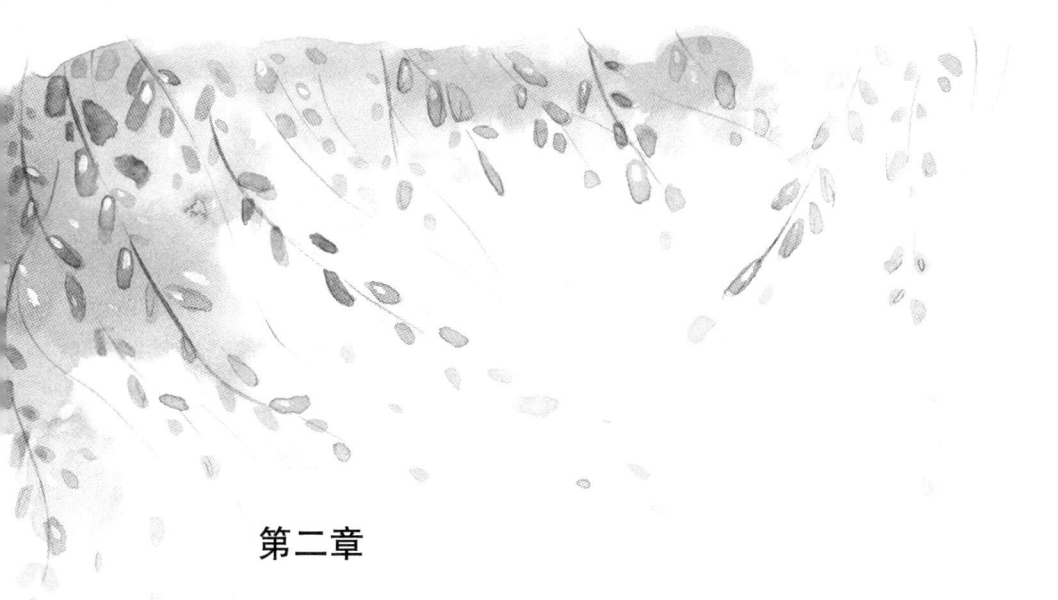

我的观点：成就儿童"语用"的精彩

只有走出语言"感悟教学"的误区，合理确定语言实践目标，正确设置语言感悟载体，有效选择语言感悟和运用方法，辨证处理"感"与"悟"、"语言目标预设"与"感悟过程生成"的关系，才能使学生真正"感悟"并运用祖国的语言文字，"感悟"课堂上浓浓的"语文味"，成就语言的精彩！

"有效"教学：为儿童的语文学习"减负"

目前，"减负"是社会关注的热点问题，是大家谈得十分火爆的话题。笔者认为，造成学生过重负担的原因是多方面的，就学校而言，更多的是表现在课堂教学上。例如：教学要求整体划一，教学目标"一刀切"，导致学有余力的"吃不饱"、学有困难的"吃不了"。教学信息和技能缺少意义，忽视学生实际，导致高耗低效。教学时间分配不合理，"讲得多练得少"，导致课内损失课外补。练习作业重数量轻质量，缺乏激励，导致过重的课业负担和心理负担。因此，"减负"很大程度上取决于课堂教学上的有效性。

通过学习研究，我们承认，具备以下四个因素，教学才能有效果：优化教学的质量（呈现信息技能的易学）、教学的适当性（学习新课准备充分）、诱因（对学生的激励）和时间（学生学习的时间充足）。正如教育心理学家斯拉文的有效教学QAIT模式所指出，以上四个因素在模式中像四个环一样构成一个方形整体链，"每一个因素都像一个链中的一个环，整个链的力量和力量最弱的环一样大"。

那么，课堂教学如何施行"有效"教学，发挥每个因素的作用，形成整个链的最佳合力呢？我们的具体做法如下：

一、目标导课堂——让学生有桃子可摘

目标导课堂指以完成教学任务、达到教学目标的观点，统率课堂教学。施行"有效"教学，首先要设置有效适当的教学目标。我们按照教学大纲，结合教材、学生、基础知识和能力的实际，把每个教学目标分解成三个层次：第一层次全体学生均能达到的，"保底不封顶"；第二层次中等生必须达到的，后进生跳一跳也能实现的；第三层次优秀生能发挥余力的。

如对《白杨》一文中"哪儿……哪儿……"、"不管……不管……总是……"的造句而言，教学目标设置为：①能各造一个句子；②能合造一段赞美白杨的话；③能合造一段赞美爸爸的话。这样，目标贴近上述三类学生的最近发展区，不仅使全体学生达到学会造句的最低要求，而且使各类学生学有方向，学有兴趣，学有所获，摘到自己所"喜爱"的桃子。

二、兴趣贯课堂——让学生感到课有意义

兴趣贯课堂指课堂上教师自始至终优化课堂生态、教学方法、教学手段、实践活动等有意义的信息或技能，激发学生求知的兴趣，引导他们主动地去获取知识，成为学习的主人。

1. 构建和谐的课堂生态，激发学习兴趣。

我国一项语文实验研究表明，课堂教学在愉快的情绪中进行，学生当堂的学习效果与一般情绪下的学习效果相比，最多能提高 18.6%。反之，课堂教学在低沉的情绪中进行，教学效果就要下降 30.7%。所以，我们要为学生营造一种宽松和谐的环境，即只有构建和谐的课堂生态，才能有不竭的生命之源。具体教学时，我们做到三点：一是尊重学生，关心热爱学生，使每个学生感到"老师在期待我"。二是"微笑教学"，用关切和蔼的眼神、抑扬顿挫的语调表达期待与关怀，创设愿学、乐学、会学的课堂气氛。三是以情激情，教师紧紧抓住情感这一线索，发挥作品蕴含的情感因素，唤醒学生记忆里的情感，启发学生和教师一起对教学内容产生"共鸣"的心理效应。

2. 运用多种教学方法，激发学习兴趣。

教学有法，但无定法。课堂教学方法灵活多样，富有启发性，教师要千方百计创造情境，创造机会，引发学生求知欲，唤醒学生好奇心，培养学习兴趣。以一堂阅读课为例。课的起始阶段：可用疑问启思、图像故事、练习启疑等方式激趣，使"课伊始，趣乃生"。课的发展阶段：可用揭示矛盾、比较对照、举一反三、温故知新等方式激趣，使"课进行，趣正浓"。课的结束阶段：可用质疑问难、品文赏画、写字练笔、讨论延伸等方式激趣，使"课已尽，趣犹存"。教师呈现信息技能有意义，学生对上课富有亲切感，怎能不激起内心的涟漪、产生浓厚的学习兴趣呢？

3. 运用多种现代教学手段，激发学习兴趣。

平时，我们常常看到"一支粉笔一本书"进课堂的旧现象，这种忽视了小学生形象思维的做法是缺少意义的，是不可取的。因此，必须创设条件，化抽象为形象，变枯燥为生动，运用多样化和现代化的语文教学手段来激发和维持学生学习语文的兴趣。在教学中，我们一方面努力挖掘潜力，充分发挥插图、模型、实物、自制教具等传统的直观教具的作用；另一方面，努力创设条件，见缝插针地运用收录机、幻灯机、投影仪、多媒体等现代教学手段，增强课堂教学的形象性、生动性和趣味性。

4. 引导学生参与教学过程，激发学习兴趣。

如何改变课堂上的"一言堂"、"讲得多，练得少"的现象？引导学生参与教学过程是有效的途径之一。实际教学时，我们充分调动学生的眼耳脑口手等多种感官活动，通过看看、听听、想想、讲讲、做做等产生复合刺激，增强参与效果，为学生提供实践机会，用分角色读、讨论交流、竞赛抢答、画画演演等形式，引导学生人人参与个个学习。如学习《奴隶英雄》时演一演起义情景，学习《燕子》时唱一唱《小燕子》的歌曲，学习《少年闰土》时画一画"月下看瓜刺猹图"。学生兴致勃勃，课堂气氛活跃，高潮迭起。

三、练习进课堂——让学生有自主时间

练习进课堂是指将课后练习或作业有机地设计在教学环节中，既加强课堂训练又减轻学生负担。

课上可供学生依赖的时间量有两个。一是教师实际教学所用的时间量；二是学生集中注意力上课的时间量。不管教师教什么，学生都应有充裕时间自主支配学习。但课堂上，我们往往重讲轻练，挤占学生的时间。因此，我们提倡"练习进课堂"。首先，教师要做到"精讲"，即讲学生不懂的重要之处，讲有价值的规律之处，讲"牵一发而动全身"的精华之处。一般把课上 1/3 的时间留给学生，保证其有时间集中精力练习或作业。其次，要做到"精练"，即练习富有针对性，选题富有典型性，训练富有阶梯性，形

式富有多样性。目的是让学生通过饶有兴趣和富有质量的练习，有效地掌握知识和发展能力。就练习富有针对性而言，我们恰如其分地把课后"思考·练习"设计在教学环节中。在布置练习作业时层次上设计二类：要求有的完成必做题，有的除了做必做题外还要完成选做题。这样，保证各类学生有效支配时间自觉完成自己力所能及的练习，既提高了各层次学生的积极性，又保护了学生的自尊心和自信心，促使他们以愉悦的心情面对作业，从而有效地减轻了他们过重的负担。

四、评价融课堂——让学生有成功的体验

评价融课堂，是指课堂上把握检查复习、新授教学、练习作业等环节，通过教师或学生的价值判断，及时有效地反馈和调控，激活学生求知欲，让学生体验成功的喜悦，使他们的好奇心和探索倾向得到进一步巩固和发展。

1. 多向性评价。

彻底摒弃课堂上教师独家评价的唯一做法，变"单向性"为"多向性"，运用师评生、生评生、生评师等多种方式，还给学生行使评价的权利。如教学《穷人》时：

生1：课文第24自然段中的"嗯，是个问题"是指什么问题？

师：你问得很有价值。谁能帮助他？

生2：我来！我来！指渔夫把家庭困难看作是个问题。

生3：指渔夫说，天气糟糕，没打着鱼，还撕破了网，这个问题。

生4：我不同意。指渔夫认为西蒙留下的孩子没人照顾是个问题。

师：你怎么知道的？

生4：因为上一节写桑娜试探渔夫说："她（西蒙）死得好惨啊……"

生5：她（生4）说得对。因为下文又接着写渔夫说："得把他们抱来……"

师：你真会学习！我们学会用什么方法去读懂课文？

生1（很有感触）：用联系上下文的方法。

课堂上，学生有表现自我的充裕时间，在及时有效的评价中，学生较强地感受成功的体验。

2. 激励性评价。

如"练习作业"中，一是对不同题目用同一评价。如针对上面所讲的必做题、选做题两个层次。不论选做哪层，只要对就给"优"。二是对同一题目用不同评价。如优秀生达到较高要求才能得"优"，学困生弄懂订正后就可得"优"。这对困难生来说，自信心得到保护，获得成功的体验；对其余的来说，是对他们学习能力的肯定，使他们充分展示自己才能的情感需要得到满足，从而使各层次的学生深受鼓励，得到不同层次的发展。

综上所述，立足课堂，施行"有效"教学，"目标导课堂"、"兴趣贯课堂"、"练习进课堂"、"评价融课堂"，为儿童的语文学习减轻课业负担和心理负担，为提高课堂教学的有效性迈出了有力的一步。

阅读教学价值引导的几个"经典"方式

随着新课程的深入实施，阅读教学逐渐关注教学的内容与方法、过程与结果、情感态度与价值观。但就学生而言，主体发展的价值引导仍有不到位；就教师而言，教学价值预设与生成仍有不到位；就语言文字而言，触摸语言的温度与揣摩情感的亮度、语文的价值引导与创造仍有不到位。笔者在多次听课、评课、实践的基础上，认真反思，精心整理，用心总结，现列举几个"经典"的语文价值引导方式，供在实践中参考借鉴与不断创新。

一、用照应的方式

于永正老师在执教《全神贯注》时，凭借"名言"进行照应式的引导。课的开始是这样引入课题的。

师：今天，于老师赠送给同学们一段名言。（出示第四自然段中的一段话：那一天下午，我在罗丹工作室里学到的比我多年在学校里学到的还要多。因为从那时，我知道人类的一切工作，如果你去做要做得好，就应该全神贯注——斯蒂芬·茨威格。）

（生齐读）

师：读了这名言有什么问题要提吗？

生1：茨威格在罗丹工作室里到底看到了什么？

生2：这段话是什么意思？

生3：一天学到的怎么会比多年学到的还要多？

师：这些问题的答案都在一篇课文里，题目叫——《全神贯注》。（板书课题）

而在结课时，于老师又用名言来照应开头，教学显得有照应有深度、比较流畅、水到渠成。

师：茨威格正是有了这段经历，才发自内心地写下这段话——（再次出示）

（生齐读）

师：今天读了《全神贯注》这篇课文，同学们也一定有话要说，把你们的话写下来，也就是名言。这是于老师写的一句名言：做什么事都要一丝不苟，全神贯注就一定能做好——于永正。最后还可以写上——未来的×××。

生1（写后交流）：做什么事都要全神贯注，只要全神贯注就会成功——未来的发明家李丹。

生2：不满足＋一丝不苟＋全神贯注＝成功——未来的发明大王廖志俊。

生3：成功是有信心加全神贯注还要再加不满足、不断进取的精神——未来的大文学家高至人。

生4：不满足最好，只追求更好——未来的作家于力。

于老师以文中的奥地利作家茨威格说的两句话作为名言送给学生，引出问题激起学生的阅读期待，导出学生的阅读感悟，并以此用名言表达出自己的收获。至此，表达的名言是建立在理解主旨、运用语言上乃至人文情感基础上的语言文字的表达，是语文价值的有效体现与统一。

二、用反复的方式

一篇课文一定有语言规范或情感激荡的重点句段，需要品味感悟，把语言与人文恰到好处地融进学生的心灵，真正让学生学有所获、有所得益。如一位教师在教学完《船长》"沉入大海"一段时，凭借写话交流，反复引导，铺垫学生交流语言，层层渲染，推波助澜，把人物形象烘托得越来越高大、越来越形象。

师：第20分钟很快就到了，船上所有的乘客都得救了，船长哈尔威屹立在舰桥上，一个手势也没有做，一句话也没有说，随着轮船一起沉入了深渊。人们透过阴森恐怖的薄雾，凝视着这尊黑色的雕像徐徐沉入大海。

"玛丽"号上的乘客会怎样深情地呼唤呢?船长的心里会想些什么呢?请第一、二组写一段得救人们的心里话,第三、四组写一段哈尔威船长的心里话。

师(投影):第20分钟很快就到了,船上所有的乘客都得救了,船长哈尔威屹立在舰桥上,一个手势也没有做,一句话也没有说,随着轮船一起沉入了深渊。人们透过阴森恐怖的薄雾,凝视着这尊黑色的雕像徐徐沉入大海。

"船长,你为什么不和我们一起回家?_____"。

"朋友,不是我不想家_____"。

(生写后,三位"船长"、三位"乘客"分别站起准备交流)

师:第20分钟很快就到了,船上所有的乘客都得救了,船长哈尔威屹立在舰桥上,一个手势也没有做,一句话也没有说,随着轮船一起沉入了深渊。人们透过阴森恐怖的薄雾,凝视着这尊黑色的雕像徐徐沉入大海——

生1:——船长,你为什么不和我们一起回家?难道您不想走吗?难道您不知道生命是最宝贵的吗?难道您不知道人的生命只有一次,是无价的呀!

(师重复朗读前述的那段话)

生2:——朋友,不是我不想家。我说过船在人在,船亡人亡。你们安全地回家,是我最大的欣慰!

(师重复朗读前述的那段话)

生3:——船长,你为什么不和我们一起回家?难道您不想家吗?难道您不想您的亲人和朋友吗?我们说好到了目的地要好好欢聚的呀!

(师重复朗读前述的那段话)

生4:——朋友,不是我不想家。我哈尔威是一名船长,我要尽到船长的责任,我的一生都要求自己忠于职守,履行做人之道,面对死亡,毫不畏惧!

(师重复朗读前述的那段话)

生5：——船长，你为什么不和我们一起回家？您是船长，您不能葬身大海。您快回来。我们要和您一起回家——

（师重复朗读前述的那段话）

生6：——朋友，不是我不想家。我不能忘记船长的职责，只要你们能顺利地回家团聚，我与"玛丽"号船共存亡，也心甘情愿。

师：多么感人的故事，多么感人的一幕，所以我们的作者不由发出这样的感叹！一起读最后一节。

生（读）：哈尔威船长一生都要求自己忠于职守，履行做人之道。面对死亡，他又一次运用了成为一名英雄的权利。

课堂教学一唱三叹，以真情实感，反复蓄势，引导主体融入情感，展开想象，表达语言，角色交流，对比渲染，把船长忠于职守、英勇无畏的英雄本色淋漓尽致地展现在学生的面前，令师生肃然动容！

三、用对比的方式

特级教师孙建锋教学《那深情的一跪》时，紧扣"跪"字，运用两次对比的方式，演绎文本中的"运动员与小鸟"、"藏羚羊与老猎人"的角色来朗读对话，激发感情，烘托主题。

第一次对比：

运动员那深情的一跪，镜头时间极短，充其量也就三秒钟，但它却强烈地冲击人们的视觉，使人油然想到：有人在为一只误伤的小鸟真诚下跪，虔诚忏悔，有人却在狼吞虎咽遍吃生猛海鲜、珍禽异兽。两相比照，难道后者不为自己的所作所为而感羞愧？既然如此，让其灵魂也学会下跪吧！

师：是呀，小鸟的生命是至高无上的。然而在有些人的眼里，动物的生命是渺小的，你从哪里看出来？

生：有人却狼吞虎咽遍吃生猛海鲜、珍禽异兽。

师：请一位同学接着读下一句。

生1（学生可以坐着）：两相比照，难道后者不为自己的所作所为深感羞愧？

师：是呀——当运动员在敬仰生命的时候，有些人却狼吞虎咽遍吃生猛海鲜、珍禽异兽。吃得热吃得尖吃得叹！你敢质问他们吗？

生1（站起再读，有点质问的口气）：两相比照，难道后者不为自己的所作所为深感羞愧？

师：起立——对着对生命的敬仰，敢义正辞严地质问那些人！

生（义正辞严地）：两相比照，难道后者不为自己的所作所为深感羞愧？

师：你敢理直气壮地质问吗？

生（理直气壮地）：两相比照，难道后者不为自己的所作所为深感羞愧？

师：让他们的灵魂在质问中得到洗涤，让他们的灵魂在诗句中得到洗涤吧！

第二次对比：

教学——奇怪的是，藏羚羊非但没有逃遁，反而冲着他前行两步，并用乞求的眼神望着他，望着他，竟然两条前腿一软，"扑通"一声跪了下来，与此同时两行长泪从它的眼里流了出来……

师：此时此刻，你们不再是六年级的学生，而是一只藏羚羊。请你们站在过道上，带着敬仰之情再读一遍，可以配上动作。

（生投入地朗读，当读到"前行两步"时，全体学生都不约而同地前行两步。）

师：虽然你们没有改变身体的高度，但是，在心灵上已完成了这次虔诚的下跪。让我们怀着无比虔诚的心情再读一遍吧！

（生站立着读）：奇怪的是，藏羚羊非但没有逃遁，反而冲着他前行两步，并用乞求的眼神望着他，望着他，竟然两条前腿一软，"扑通"一声跪了下来，与此同时两行长泪从它的眼里流了出来……

师：如果说人给鸟下跪，身体的高度下降了，但人格的高度——

生1：没有下降。

生2：没有改变。

生3：提高了。

师：如果说羊给人下跪，身体的高度下降了，那么，它留给人思考的力度却……

生：加大了。

师："扑通"一声冲击着你的膝盖，心灵的高度一下降低了！让我们带着对生命的感悟和敬仰，一起读课题。

生：那深情的一跪。

孙老师教学紧扣"跪"字，第一次引导学生坐着揣摩运动员下跪的虔诚和站着质问那些人的义正辞严，比较"运动员与小鸟"，体会生命的伟大与渺小，灵魂的伟大与渺小。第二次又引导学生从身体的高度和心灵上的下跪上，在想象、读演、激励引导上，对比演绎怀孕羚羊一跪的力量震撼，体会人给鸟跪与羊给人跪的伟大，敬仰生命的至高无上。两次对比，激发学生走进文本，走出文本，反衬出"语言与人文"的主题。

实际上，用语文的方式教语文不仅仅是"照应"、"反复"和"对比"这三种，还有很多方式，我们只有做有心人，用心学习，尽心实践，真心创造，才会真正得益，真正实现课堂精彩，促进教学发展和师生发展！

（原载《江苏教育》2007年第3期）

规范语言文字的现状与对策

随着信息时代的到来,规范语言文字成了全社会十分关注的热点和难点的课题之一,把握信息时代特点,加强语言文字的工作规范,正摆到了重要的议事日程上来。我们立足语言文字现状,不断反思,积极探索对策,取得一定的实效。

一、现状反思

1. 网络语言——"玩酷"。

"偶稀饭粗稀饭,偶8素米女,偶素恐龙。介素虾米东东……"你能准确翻译出这句话的意思吗?这是一个女网友的聊天日记。意思是:"我喜欢吃稀饭,我不是美女,我是恐龙。这是什么东西?"在网络日益广泛应用的今天,汉语受到了前所未有的冲击,网络语言以迅雷不及掩耳之势冲击着当今的语文教学。如在实际的作文教学中,学生在作文中使用了"酷毙""卡哇呀"之类的词语,我们许多教师不知道他的意思,长此以往,极有可能养成语言不规范的坏习惯。

2. 汉语语法——"仿效"。

"给个理由先"出自《大话西游》,但它正在被许多人捧为经典,出现了"我走先""你工作先"这样的语言,规范的语言形式被抛到九霄云外。于是乎——"士多店"等词违背语法胡乱"仿效",好端端的话不好好说,使人百思不解。

3. 方言——"颓靡"。

随着时间的推移,方言不断变化发展,语音也发生变化,许多老话已经很少有人知道。如上海话中大概58个特色的单音动词不被人所用。如"pán"这个词,方言指水转着圈子回溢出来了,普通话没有对应的词语,只好用"满"代之,却不能确切表现原词的意思。吴语是好听的方言,是有别于他地的、描写该地习俗的语汇，在某种程度上，方言比普通话更生动更丰富，但正在渐渐颓靡和消失。

二、应对策略

1. 树立正确观念。

有什么样的观念就有什么样的行为，对于语言我们应该用公正、客观、发展的眼光来看待，树立正确的语言观，如语言的规范化、语言的文化观、语言的发展观……就网络语言，要客观看待，我们既不能一棍子打死，也不能不加选择拿来。从远古的结绳记事到今天的多媒体，语言及其方式都在不断演变，虽然有负面影响，但也不能否认它为汉语言的发展注入了生命的活力。

2. 尊重自身文化。

"GG、MM、酱紫"之类的前卫用法，"VS、芯意相通"之类的革新成果，纯英语的交流成了广告、招牌的重要指标，这让人油然而生一种伤感，如同都德笔下的《最后一课》的感情。但事实上我们的母语从最初的甲骨文发展到今天的白话文，无时无刻不在变革着，却最终没有颠覆我们固有的思维，阻碍传统文化的发展和丰富。因此，我们要保卫汉语文化，尊重汉语背景文化，从中吸取科学新思维，真正"外之既不后于世界之思潮，内之仍弗失固有之血脉"（鲁迅语）。

3. 宽容语言生命。

语言能够流行是因为有一定的生命力，网络语言就是如此，但是大部分人看不懂，影响了正常的交流与沟通，失去了语言的意义和价值。宽容比扼杀更重要。在语言的长期发展中，有生命力的会"物竞天择"，无生命力的会"过眼云烟"，渐渐淘汰。这里有个去伪存真、去粗存精的过程。作为教师——语言的宣传者，在树立正确理念的同时，还要应用与实践。如在教学中正确使用普通话；在评价中把语言规范纳入学生语文素养之中。2005年语言文字工作会议指出：语言文字规范将纳入学生素质教育培养目标，这就是一个重大的政府行为与策略。

4. 加强"推普"活动。

一是运用文艺、黑板报、版画、发放资料、咨询等形式大力宣传《国家通用语言文字法》。推普周活动中，我们扬长避短，通过文艺演出、知识竞赛、有奖猜谜、发放宣传品宣传《国家通用语言文字法》，营造了一个良好的语言文字氛围，吸引了许多过往行人，收到了良好的宣传效果。二是从小培养学生运用语言的习惯。每年我们都组织学生进行演讲比赛，如"珍爱生命，拒绝毒品""假如我是大队委员"为主题的演讲与竞选，把文字规范、普通话的水平作为评价指标之一，通过比赛大大提高了学生的普通话水平及社交能力，推进了语言文字工作的基础建设。三是充分利用学校教育资源的优势。学校是推广普通话的重要阵地，我们结合社区开展了"啄木鸟在行动"，组织学生上街，对校园附近的指示牌、广告牌、店牌、店名等进行文字规范情况的检查，锻炼学生识别错别字、繁体字、二简字的能力，培养学生从小养成规范用字的良好习惯。

5. 教师身先士卒。

学校把普通话达标作为考核和录用教师的重要条件，把普通话作为教育教学用语。教师以及学校其他行政人员在从事教育教学活动时必须使用普通话。学校还要求教师普通话水平应达到国家规定的等级标准，对未达标或未到级的教师联系教师进修学校进行培训和考核晋级，给予时间和待遇上的支持与奖励。目前，学校在编教师中，1954年1月1日以后出生的有154人，获得普通话水平测试达到"二乙"等级的为100%，其中4人达到"一乙"，111人达到"二甲"，合格率100%。有这样一支身先士卒的普通话队伍，我们学生的普通话水平才有立脚点和归宿。

6. 学生榜样激励。

在我们学校有许多来自台湾的学生，他们的书面语言比较烦琐，特别是语文作业，刚刚开始均是繁体字，读来比较吃力，不易为我们师生接受。如何引导呢？我们首先进行了沟通，强调了简化字的便捷与通用，突出规范语言文字的好处。然后及时点拨和指导，对于作业、习作上的点滴进步给予反馈和表扬,在班级的"学习园地"张贴他们的优秀作业,在同学们面前激发其学习的积极性,为养成规范使用语言文字进行了有效的铺垫。

综上所述,涉及规范语言文字的因素有很多,除了以上所讲到的更新观念、尊重宽容、正确引导,还有社会决策、吸取科学新思维、正确教学和考核等。只有依法实施、规范运用,不断实践和探索,才能真正促进语言文字的规范和发展,提高学生的素养。

让"教学细节"成就课堂精彩
——小学语文"教学细节"的现状反思和操作策略例谈

一、教学细节的概念界定

目前,以新课程的教学理念指导我们的语文课堂、改变教学行为成了广大一线语文教师迫切需要解决的热点和难点。但是,如何实践新的理念并形成新的教学行为呢?我们立足"教学细节"进行现状反思、实践操作、辨证把握,来探索成就课堂精彩。

我们认为:"教学细节"是外现的教学行为的最小单位,是教师在特定的教学情景中围绕教学所发出的一系列连续不断的具体行为,表现为多样的形式和复杂的结构,具有独立的教学价值。它只有处于教学关节点,才具有推动、激活和延续教学过程的作用,才具有教学的意义。它也是师生行为的组合,内部活动的具体化和操作化。它一般包括三类:一是教师自身做出的单个行为,如有意识的姿态、表情、动作;二是教师和学生之间形成的互动、反应和连续的行为,如文本解读、对话教学;三是按照教师的要求和指令延后所做出的相应行为的反应,如作业订正、检查背诵等。

二、教学细节的现状分析

1. 缺位——"精彩"擦肩而过。

在一次语文观摩会上,一位青年教师执教《两小儿辩日》时,发生这样一个细节:

生:孔子连这个问题都"不能决",人们为什么还称他"圣人"?

师:这个问题提得好,但是老师的回答可能不能令你满意。你课后去研读孔子的有关著作,得到的答案也许会更好。

这堂课有一个明显的"瑕疵"——对学生提出的有价值的细节问题,教师没有进行深入地引导,没给教学细节一个发现意义的重要"位置",轻易搪塞过去,失去一个极好的教学契机,致使有望生成的教学"精彩"擦肩而过。仔细钻研教材不难发现：孔子作为大学问家十分认真对待小孩子的问题，"知之为知之，不知为不知"的态度难能可贵。正是这个"不能决"的细节，体现了孔子的谦逊、诚实的高贵品格，也是故事流传至今的原因。此时，教师可因势利导，引导学生与文本展开深入对话，感受孔子人品的伟大和知识的浩瀚。关键是教师要"预设"这一问题，深入把握教材，领会"赞扬孔子'知之为知之，不知为不知，是知也'"这一人文内涵，切入细节，"以变应变"，才有可能拥有"精彩"。

2. 错位——"美丽"也打折。

在美丽的课件和柔和的音乐中，年轻的女教师拉开了《七颗钻石》的帷幕，进行第二版块的教学。

师：如果你是被绊倒了的小姑娘，会怎样对待小狗？

生（脱口而出）：我会狠狠地踢它一脚。

生：我会赶走它。

师：一个踢，一个赶。其余同学呢？

生：我要白它一眼，或者吓它一下。

师（总结性）：不错，大家都说出了自己真实的想法。

教师错过"教学细节"，出现了两个价值取向上的"错位"。一是曲解文本：小姑娘被狗绊倒，责任不在小狗，而在自己不小心。教师要引导学生紧紧抓住"小姑娘匆匆忙忙，没有注意到脚底下有一条狗，一下子绊倒在它身上"这一细节，多点认真解读与文本对话，少点浮光掠影，甚至误解。二是忽略教学行为的价值取向：学生发言中对小狗态度出现偏差，应该及时觉察和纠正；对学生的回答不加分析，盲目鼓励，只会造成认识的模糊。教师如果结合感人细节——"小姑娘把水倒进手里，小狗把它舔干净，变得欢喜起来"进行引导，体会怜爱之心，渐入"水罐变成银的了"的美妙境界，小姑娘的善良、有爱心的形象就会充盈学生的"美丽"心间。

3. 越位——"早熟"的第一课时。

有三位教师，执教《林冲棒打洪教头》第一课时。其教学过程分别为：

（1）导入课题，扣题引导学生质疑，让学生抓住课后的问题读书，扣住精彩段落，师生共同研讨，有时是教师讲解，最终解决问题。

（2）揭示课题，直奔中心，研读重点句段，深究文本主旨，理解课文。

（3）导入课题，泛读学习课文，逐段分析讲解或学生自读感悟，直面文本，理解课文。

"书不读熟不开讲"。三位教师都存在着一个共性问题：学生不能充分自主地读书，有时只读一两遍课文，甚至一遍不读就去理解、感悟文本，探究文章内涵、品味语言文字，结果字音读不正确，语句读不通顺，课文读不流畅，无法真正深入理解课文，更无法品评文字、体会内在情感。教师在第一课时包办了第二课时的教学任务，自己的教和学生的学偏离实际轨道，发生教学"越位"，让学生学习课文"早熟"了，效果可想而知。

三、教学细节的操作策略

1. 正确把握三维目标。

"三维目标"是处理教学细节的关键，"知识与能力目标"对学生来说，是最有价值的知识点，也是易为学生关注的显性目标；对教学来说，是进行字词句段、听说读写的显性目标。"方法与过程目标"指的是读书方法、观察方法、自学方法与协作方法等显隐兼顾的目标。"态度情感价值观目标"是伴随对知识的反思、批判和运用所实现的个人倾向的渗透性目标。教师在课堂教学时，目标要力求简约化、具体化、可操作性。如《去打开大自然绿色的课本》（片段）有位教师是这样执教的：

师：想想，诗人为什么说大自然是绿色的呢？

生：因为大自然里有绿树、翠竹、碧草、青山。

生：不对，大自然还有红花、彩霞呀，不能全说绿色的。

师：说得有道理！那么诗人为什么偏要说大自然是绿色的？想想绿色是不是有着某种——

生：我明白了，绿色是生命的颜色，象征着活力。

生：我认为大自然是红色的，红枫、红花，代表喜气洋洋，象征红红火火。

生：我认为大自然是白色的。白色象征圣洁、高雅，雪花就是那美丽的精灵。

生：我觉得大自然是彩色的，人们不是常常讲"万紫千红""五彩缤纷"吗？如果只有一种颜色，世界多么单调。

师：大家说得真好。我发现，同一个大自然，各人的体会却可以不同的。

生：因为每个人的喜爱不同。

生：我想每个人对大自然体会的角度不同。

师：精辟！你的发言让我想起——"横看成岭侧成峰"。刚才讨论是否是现实的自然与心中的自然的关系？（生点点头）那么，让我们一起走进诗人的内心，来体会他心中绿色的大自然吧？

教师以一个统领全文的"教学细节"——"诗人为什么说大自然是绿色的呢？"在不断的反思、批判、创造中放大，架起学生心理图式和文本图式的通融桥梁，对原来的知识进行意义构建——"同一个大自然，各人的体会却可以不同的"。从而，学生的知识得到了扩展，观察自然体会文本的方法得到领悟，情感在意义追寻中得到升华。课堂水乳交融，既完成学科任务，又达到"立人"任务，正确地实施了"三维目标"的和谐统一，真可谓"一石数鸟"。

2. 创设教学情景。

《黄果树瀑布》教学片段：

师（播放萨克斯曲《回家》）：谈谈你听了以后有什么感受。

生：很轻柔、很舒缓。

生：很浪漫。

生：让人想念自己家乡的亲人。

生：听后让人心情很平静、很舒畅。

师：同学们听得都很认真，说得都很真切。我们再来听一曲，又有什

么感受呢？（播放《黄河大合唱》）

生：很激昂，让人感到很振奋。

生：很有气势，给人无穷的力量。

师：哪支曲子听后有那种"每个细胞都灌满了活力""只觉胸膛在扩展"的感觉？

生（齐）：第二首。

师：是呀，你们的感觉是对的。听到那訇然作响的"黄果树瀑布"就像听到这一首曲子一样，让人有一种细胞躁动与血液沸腾的感觉。让我们再来读读这两节吧。

为了教学的需要，往往要营造某种情景，来设计某种细节。如教学《黄果树瀑布》一文时，感受"每个细胞都灌满了活力""只觉胸膛在扩展"是重中之重，但是由于学生没有去过，又迫于条件限制，无法用课件演示。怎么办？教师就在对教材、学生和环境的深刻把握和理解上，有效组合与利用各种资源，创设情景，设计细节。作为情景，它没有表面"作秀"，也没有追求"应景"，更不是故弄玄虚的"浮华"。这一"细节"设计的背后是一种思想、一种理念。细节成了思想的外现，理念的具体化。细节的设计不是纯技术的情景操作。细节的教学看似"大雪无痕""大象无形"，实际是"有思想的技术"与"有技术的思想"的和谐，是科学与艺术的统一。

3. 有效挖掘教学关节点。

教学细节也是一种关节点，包括知识点、兴趣点、方法点、语言文字训练点等，教师要善于深入挖掘这些有价值的关节点，紧扣细节，以点带面，或纵向或横向，适度放大和延伸，亮点与精彩才会更多一点。近来，在教学《访问环保专家方博士》一文中，备课时根据文后的思考题预设了一个教学细节——认识文中两句话中的引号的用法：（1）贝加尔河曾是世界上最深的淡水湖，但现在正被沿河工厂排放的废水"吞噬"着。（2）歌中唱到"太湖美，太湖美，美就美在太湖水"。学生自己体会到前者是表示"不是真的"，后者表示"引用原话"。就在解决这个问题时，有学生提到另外一个细节——文中"素有'鱼米之乡'美称的太湖"中间的引号表示什么？我敏锐感到这是个有价值的问题，就话锋一转："这里指什么地方？""太湖——哦——表示特定的称谓"。想不到关于引号的知识点在本课中得到全面落实。我因势利导——"请说说三个分别表示这样三种不同用法的句子"。学生顿时跃跃欲试，沉浸在运用知识的创造之中。这是把握了学生学习的关节点——"认识引号的用法"，进行了一定意义上的教学构建，相信学生在今后遇到引号的用法时对这一细节记忆犹新，特别深刻！

四、教学细节的两个辩证关系

1."小题大做"与"大题小做"。

成就"课堂精彩"，离不开"教学细节"；"教学细节"的挖掘与流畅，离不开如下两个方面。一是钻研教材。有时占有很大篇幅的重点段落不一定是花重彩的地方，也许"大题小做"，以读带过就行了；有的地方虽然是片言只语，但它"牵一发而动全身"，钻研时要深入挖掘，设置情景，强化细节，即"小题大做"。二是具体教学。对于有价值的细节，即使是文本的一词一句、教学行为的一颦一笑，也要放大教学——即"小题大做"。或通过设身处地的想象，体会蕴藏在文字后面的思想感情；或通过语言的凭借，提高学习语文能力和方法。而对于教学时学生无法进入文本的，就可"大题小做"，先淡化文字本身，在全面丰富学生感性认识的基础上，再来学习文本，进行语言实践，指导学生深切感受和体会内在意义。"细节"是一种"小题"，也是一种"大题"；教学是一种"大做"，也是一种"小做"；"细节"是教学的细节，教学是"细节"的教学，"聚沙成塔，汇水成源"，"细节"与教学应该是和谐共存、浑然一体的。

2."教学细节"与"教学现场"。

从特征上看，"教学现场"具有"真实性"，即符合特定的教学情景、师生行为的自然逻辑，提供的教学过程、教学行为等可以模仿、学习、再现和运用；具有"日常性"，即普通的教学常态中能做到的有别于经典性的日常教学实践。教学细节具有"情景性"，即限制于当时的教学过程和教学情景，是教师面对特定的教学对象和教学过程审时度势，为完成教学任务而采取的教学行为；具有"价值性"，即为落实课堂教学目标而敏锐地捕捉细节信息，挖掘和构建细节的意义，生成有效的教学。"教学细节"是一句话、一个表情、一次错误，是"教学现场"的变化、灵动和创造。"教学现场"是"教学细节"产生、运行的操作平台，它为"教学细节"提供了规定的情景和条件。"教学现场"与"教学细节"是整体与局部的关系，是一对教学范畴，它们是互相制约，互相影响，相辅相成的。

综上所述，教师只有辩证地把握"小题大做"与"大题小做"、"教学现场"与"教学细节"的关系，合理挖掘，精心预设，机智教学，有效生成，才会真正走进文本教材，走进学生心灵，成就生动而有价值的课堂精彩！

（原载《小学教师培训》2007年第2期）

小学古诗文"经典诵读"教学新方式的尝试

在小学古诗文"经典诵读"的对话中,我们引领学生感悟积累、运用创造,接受言语的实践、精神的洗礼、灵性的启迪、思想的提升,走出了"可堪孤馆闭春寒,杜鹃声里斜阳暮"一般的寂寞尴尬之地,呈现出一派"沉舟侧畔千帆过,病树前头万木春"的勃勃生机。

一、策略之一——感悟经典,共育语言与精神的心灵成果

1. 设置问题策略。

感知经典可以通过朗读、默读、诵读等多种方式,但这仅是贴近文本。要融进文本,必须树立"问题意识",精心设疑,在矛盾时、疑问点、空白处,设置"牵一发而动全身"的问题,引领主体有效探究,快捷进入经典之门。如教学《塞下曲》,设问"'渔翁不须归'的原因是什么?心境如何?"学生紧扣"白鹭、桃花、鳜鱼、流水"等词语,在小组讨论与集体反馈中,不断升华认识:诗人寄情于景,抒发率直归真、绝尘脱俗的情怀。

2. 揣摩比较策略。

经典的古诗文以凝练见长,以意境见美。我们针对学生特点、知识水平,抓住古诗文特点,通过语言文字训练,引导学生感悟背诵。如教学《望庐山瀑布》,引导给"挂"换上"流"、"悬"等相近的动词,通过比较分析,体会"直"的恢宏气势,揣摩语言的准确性;教学《咏柳》,引导描述"碧玉、妆、绿丝绦"的内容,读议悟诵,拓展训练,揣摩语言的丰富性;教学《春望》,指导朗读"国破//山河/在,城春/草木//深",品味五言的语速、语气、节奏和韵味,揣摩语言的音韵美。

3. 活动探究策略。

对古诗文"经典诵读"的学习方式很多,如进行诵读表演,不仅能够活跃课堂学习的气氛,而且为学生的学习提供了全面感知语文魅力的机会。

如教学《泊船瓜舟》，表演"王安石改诗"的情景：探究"到""入""满"比"绿"的逊色，探究锤炼"诗眼"的作用，从而激发了学生学习古诗文的积极性，培养了学生积累、竞争、合作的综合能力与素质。

二、策略之二——注重交流，呈现语言与精神的心灵对话

1. 学生与学生交流。

学生之间的交流在于个体情感积累和思想收获的呈现，在于提供思维碰撞、学习借鉴的时空。积累整理和展示探究过程中的学习收获是一种有效的提高方式。如古诗文编辑。编辑前——交流要求："挑选喜欢的古诗""配上想象的画面，再现诗歌表现的空间和色彩"。编辑中——交流做法："我用手工绘画""我用电脑彩色打印""我们一周一评，星级奖励"。编辑后——交流收获："我用照片贴上了可爱、神气、漂亮的笑脸""我下方写了'会当凌绝顶，一览众山小''落花不是无情物，化作春泥更护花'等名言警句""我的集子叫《诗意的童年》，采集稚嫩花朵，装点金色的童年"……可谓图文并茂、诗香溢彩，广大师生家长爱不释手，倍感亲切。

2. 学生与教师交流。

师生交流是一个动态生成的对话过程，而教师是平等对话的首席。如《黄鹤楼送孟浩然之广陵》对话教学片段：

师（指导朗读第三、四句）：此刻，你就是站在江边的李白。好朋友孟浩然和你分别了，你们不能一起吟诗作画了；不能一起畅叙友情了。你久久地伫立江边、眺望孤舟，想对老朋友说些什么呢？

生：孟兄，今日一别，我俩何时相见？愿你早日归来，你我重叙友情！

生：老朋友，你孤身远行，一路多保重啊！

师：你设身处地，比较合情合理！

生：小船啊，你慢慢地行，让我再看一眼老朋友的身影吧！

师：真是难舍难分啊！所以，李白深情地吟诵诗句，以表达依依惜别之情。同学们，哦——不，诗仙李白，此刻，你就通过吟诵诗句来表达感情吧！

生：孤帆远影碧空尽，唯见长江天际流！（越读越轻，越读越慢，到最后几个字，只留有微弱但还清晰的气息）

教师提供话题，创设"说心里话"的情境，融理解、想象、感情、朗读于一体，在思与思的碰撞、心与心的接纳、情与情的交融中，学生感到自主的尊严、独特的价值、精神的愉悦、心灵成长的幸福。

3. 学生与家长交流。

研究性学习的过程中，教师要与家长及时沟通，密切配合，形成教师、学生、家长三位一体的研究性学习同盟。教师设计下发《古诗文诵读联系单》，要求家长按"书名日期——收获感受——学生自评——家长评价"配合督促，填写反馈。如学生在诵读《古今贤文》后，联系生活交流"收获感受"——"'良药苦口利于病，忠言逆耳利于行'对我感受最深。一天早晨起来，我要穿裙子上学，可妈妈说天冷不给我穿，我不听结果患了重感冒。"家长以人生积淀与阅历，教育孩子"忠言虽难听但有益处"，为孩子的研究性学习提供了参照。

三、策略之三——着眼运用，构建语言与精神的心灵平台

积累理解是学习古诗文的基础，运用创生才是落脚点。我们鼓励学生"我手写我心，我笔抒我志"，畅所欲言，自由习作。大家或引用经典，或化用意境，或借用典故，或仿写诗词，表现出强烈的写作欲望和创造能力。

1. 引用诗文。

一是教师引用。在指导写作时，引用"语不惊人死不休"的诗句，讲贾岛"僧推月下门"的故事，激发学生习作兴趣；在鼓励同学们刻苦努力学习时，引用"不经一番彻骨寒，哪得梅花扑鼻香"的诗句，激发学生勤奋向上不断进取。二是学生引用。如在写作《给xx的一封信》时，就祝贺语而言，多数同学合理引用，增添色彩，写给奶奶的用"福如东海长流水，寿比南山不老松"；写给同学的用"祝你学习更上一层楼"；写给家长的用"家事国事天下事事事关心"……

2. 仿写诗词。

一是结合文本教材。如在学生学习《草原》时，让学生汇报收获体会，有的以七言诗的形式写下《蒙汉缘》："蒙古草原绿又美，牛羊成群色彩明。蒙汉情里不分离，来生有缘再相会。"二是结合课外读写。学生根植文本超越文本，自主写作，周记、诗歌、童谣……如有的创作了《芦苇谣》、《水乡谣》等作品。《芦苇谣》这样写道——"芦苇摇，芦苇摇，小孩儿，又哭了。妈妈手，摸摸头，看着芦苇摇啊摇。小孩儿，不哭了，对着芦苇笑啊笑。芦苇摇，芦苇摇，船来了，挥挥手，人来了点个头，水乡的芦苇摇啊摇。"

3. 诗文创生。

两千年的中华诗文经典的作者，如同宇宙群星，灿烂无比，有村夫，有皇帝，有稚子，有老翁……他们的足迹、生平、代表作、成才事迹、人生态度，均可落笔，娓娓道来。学生用读后感、书信、点评、改写等方式进行诗文创作，有认识，有感悟，有鉴赏，有评价，或明"居高声自远，非是借秋风"的理，或导"铁杵磨成针"的行，或抒"留取丹心照汗青"的情，或描"春风吹又生"的景。

我们构建语言与精神的心灵平台，提供展示的舞台，把优秀诗文发表在班级的《学习园地》、学生校刊《金雀》、吴江行知网《才艺大展台》，发表在"教育在线"上的《快乐起航》——我校的学生成长专帖。平台使学生既实践言语、运用创生，又激发兴趣、纯净心灵，促使语言与精神同构互生，可谓两全其美。

"掬水月在手，弄花香满衣"。古诗文"经典诵读"犹如一道亮丽的风景，为我们带来了一片生机。它时时唤起学生创造的灵性，奏响学生心中诗文的琴弦，激活学生的好奇心和充满激情的美好情怀，健全学生的人格魅力，提高学生的文化品位、审美情趣与文化底蕴。"每逢佳节倍思亲"成了师生的口头禅，"李杜诗篇万口传"成了班级良好的学诗风气，而"曾经沧海难为水，除却巫山不是云"再也不能诱惑他们了，代之的是师生的超越自我，鲜明个性，发展语言，纯净心灵。这正是"众里寻他千百度，蓦然回首，那人却在灯火阑珊处"。

（原载《小学教育科研论坛》2005 年第 5 期）

让"拓展教学"走上理性化的轨道
——小学语文拓展性阅读教学价值的缺失与矫正例谈

拓展性阅读教学是阅读文本或素材时,围绕自己制定的研究主题,通过收集相关信息重构文本,在扩展与延伸、联系与比较、发现与创造中生成价值的过程。教师运用拓展性阅读唤醒学生、文本之间的自主对话,可以使文本存活于学生头脑,使学生习得读书的方法、能力与习惯,从而提高阅读教学的效率,实现阅读教学的价值。然而,目前小学语文拓展性阅读教学存在着一些偏差与误区,必须予以矫正,让其走上理性化的轨道。

【案例1】《特殊的葬礼》 教学片段

师:演讲要有气势,现在请这位同学演讲。(生演讲略)刚才,我也写了一篇演讲词,我也来演讲(略)。

师:有没有谁对这位总统有意见?

生:总统应该惩治工厂,让它们不再浪费水资源。为什么只在这儿说而不采取行动呢?

师:是呀!为什么不想办法救救瀑布?(指黑板上板书的"奄奄一息")塞特凯达斯瀑布还没有完全枯竭啊!如果是我们的亲人,在他奄奄一息的时候,最先要做的是什么?

生:救他。

师:总统却干了什么?

生:举行葬礼。

师:葬礼一般在人死了以后举行。瀑布还奄奄一息呢,怎么就举行葬礼了呢?原来"20世纪80年代初,塞特凯达斯瀑布的上游建立起一座世界上最大的水电站——伊泰普水电站。水电站高高的拦河大坝截住了大量的河水,使得瀑布的水源大减。而伊泰普水电站正是菲格雷特总统下令建造的。"你对此有什么想法？

生：菲格雷特总统明明知道建水电站会使瀑布消失，但他还这样做，他不称职。

师：同学们想不想看一看伊泰普水电站。（大屏幕出示图片和文字）你又有什么想法？

生：我觉得建这个水电站对巴西来说，既有益处，又没有益处。有益处的是水电站能发电，提供能源，没有益处的是使塞特凯达斯瀑布消亡了。

师：我们评价一个人或者一件事不是非对即错，非此即彼。有许多事不是一下子能说得清的。我们要占有资料，仔细阅读，独立思考。最后，老师送给同学们一句孟子说的话：尽信书，则不如无书。让我们一起将这句话记在心中。

【诊断】画蛇添足，为多元而多元

以上是2007年《小学语文教师》上的一个片段。教师以演讲引发学生评议总统"只说不做""不称职""既有益处又没有益处"，在多元感悟中基本达到教学目标了，也较有教学价值。但是教师与学生研讨时间长，用感情较深，换来的是因补充的资料而告诉孩子："评价一个人或事情不是非对就错，书上讲的也不一定对。"前面费九牛二虎之力形成的结论被老师全盘否定！这不是画蛇添足，为了多元而多元吗？原本是"课已尽，意犹存"的效果，成了"陷入混乱，不知所措"的局面。

【矫正】补充文本，深化主旨

拓展性阅读教学要从教材出发，抓住教材与课外资源存在的联结点，辐射开去，使学生受到高尚情操的熏陶和健康的审美的教育，丰富学生的阅读底蕴。我在教学这个环节时，也补充拓展了这段文字，并把教学目标"认识保护地球环境的重要性，激发学生热爱大自然，保护大自然，爱护人类共同的家园——地球"作为教学的立足点与归宿点。以"同学们想知道今天的塞特凯达斯大瀑布吗?"在学生渴望的眼神中,我出示了一组近来学生家长参观塞特凯达斯大瀑布时拍摄的照片。当学生看到"塞特凯达斯大瀑布依然风景如画,气势也很雄伟"时,教师追问:"《特殊的葬礼》'特殊'在哪里?"于是学生精彩纷呈地答道:"这是葬礼举行得比较及时的结果,也是总统与人民的功劳啊!""葬礼唤醒了人们的环保意识!""大家真正行动起来,保护了我们的地球家园了!"至此,几张新照片的补充在自然而然中拓展了文本的意义,较好地实现了教学的目标,深化了文本的主旨。

【案例2】《大江保卫战》教学片段

　　师:自由读这一节,看看哪个词语最能描述这群抗洪战士无畏的光辉形象?
　　生(读后交流):全然不顾。
　　师:什么意思?
　　师:一副一点都不顾的样子。
　　生:战士们全然不顾什么?联系课文说一说。(出示:＿＿＿＿＿＿＿＿＿＿＿＿,他们全然不顾。)
　　生1:嶙峋的片石割破了双脚,他们全然不顾。
　　生2:浑身上下伤痕累累,他们全然不顾。
　　师:还有吗?联系后面的扛沙袋的图片,想想还遇到什么困难?
　　(生陷入沉思)……

【诊断】内化外现,缺失意义

　　教师抓住"全然不顾"让学生感悟抗洪战士大堤抢险时的光辉形象无疑是正确的,但是总有一种"肤浅"的感觉,即学生没有真正地打开思维,对"全然不顾"的语言因素没有真正内化与外现,甚至缺失一种文本意义上的建构与课堂的灵动生成。

【矫正】预设"困难",外化语言

　　教师应该充分预设战士面对困难表现出大无畏的立体材料,在用"全然不顾"说话训练时，学生说完书本上事例后，出示这样一段文字——"1998年12月，在总结这场没有硝烟的战斗时，有一位将军说道：'几天来，全团有6人被担架抬下大堤后拔掉正在输液的针头，又跑回大堤，7人砸掉了指甲，28人脚和手受伤，56人次中暑晕倒，都坚持不下火线，89人因流汗过多缺少盐分全身浮肿，292人烂脚，374人皮肤生了红斑，420人口腔嘴唇溃烂，1200多人手上打了血泡磨破了手指。'"教师结合课文因材引导："找找英勇的战士们遇到什么困难？"拓展的材料为学生找到了遇到困难的结合点，打开了学生的思路："被砸掉了指甲，流着鲜血，他们全然不顾。""战士们累得筋疲力尽，晕倒在大堤上，竟全然不顾，一醒来就投入了抢险之中。""战士们被冲进洪水，连喝了几口泥水，也全然不顾，喊着'洪水为我加油'又爬起来参加战斗了。"在感悟英雄形象的基础上，深入阅读重点句子，朗读出这种感悟，也就水到渠成了。所以，语言训练需要联系文本，甚至必要的数字补充，勾连已有材料，使语言内化与外现得到有效的照应与生发，实现语文教学的有效性。

【案例3】《望月》教学片段

师：小外甥与舅舅仅仅对这些诗吗？

生：不是，后面有一个省略号。

师：你们能够帮助补充吗？

生：可怜九月初三夜，露似珍珠月似弓。

师：好。老师也收集了一些，请同学来读一读。（出示）

举杯邀明月，对影成三人。

海上生明月，天涯共此时。

大漠沙如雪，燕山月似钩。

深林人不知，明月来相照。

春风又绿江南岸，明月何时照我还？

湖光秋月两相和，潭面无风镜未磨。

师：让我们分外甥队与舅舅队进行对诗，第1、2组为外甥队，3、4组为舅舅队，好吗？（略）

【诊断】 蜻蜓点水， 过程缺失

学生理解文中诗句，在对诗过程中，两队比较努力，气氛比较活跃。但是学生补充的诗句仅一句，就草草收兵，忽视了对诗的过程与评价，积累要先感悟，蜻蜓点水式地走教案，导致语言积累与感悟不到位，甚至发生了价值偏差。

【矫正】 适度铺垫， 激励评价

教师在要求学生补充有关月亮的诗句时，学生搜肠刮肚，也就是那么一句，究其成因，可能是教师缺少预先布置学生收集古诗的要求。积累古诗要给予适量的时间去背诵和练习，变作秀的背诗为课前的收集、课堂背诵的铺垫，给予细节的预设与生成。例如细化为三个回合，第一回合外甥组出诗，舅舅组应对；第二回合舅舅组出诗，外甥组应对；第三回合教师出诗，各组抢答。这就避免了积累的不足、尴尬。最后，教师要跟上评价语言"即使是同一个月亮在不同的情景中，寄托着诗人的感情也是不同的"，在激励中唤起学生学习的情趣，真正推进学生语言学习的达成。

总之，拓展性阅读教学是演绎教师学生和文本之间自主对话的过程，是实现阅读教学价值有效性的重要环节与策略。语文教师只有充分研读文本等素材，针对学生年龄特点与语文阶段要求，预设弹性的教学流程，把握教学细节的精彩生成，才能真正走出目标偏差、价值缺失、语言失落的误区，走上拓展教学理性化的轨道。

（原载《七彩语文　教师论坛》2009年第6期）

立足素质教育，发挥小学语文考试的功能

一、思想上变"为考而教"为"考、教、学的统一"，发挥育人功能

一次语文考试，试卷中有道修改病句的题目。这道题有四句，前三句每句都有一处错误，第四句有两处错误。考试结果，多数学生在第四句中也只改一处错误，被扣掉 1 分。考后质量分析，教师对学生说："这道题有四个病句，得分是 5 分，同学们做题时，怎么不想想，如果只有四处，怎么会标 5 分呢？以后考试要注意标分……"题目做错了，教师不从语言文字理解上找原因，而是教学生去研究考卷标分的规律，这对学生的学习有什么意义呢？我还常常听到：这种考试题型做过，得分较多；那种考试题型没做过，得分较少等等。于是教师就要花一定的时间去训练学生掌握各种考题类型，教学生学习考试的技巧。这种所谓的教学，教不成教，学不成学，考不成考。它浪费了宝贵的教学时间，学生学到的是怎样考试，这削弱了语言文字的训练，有碍语文素养的培养。

素质教育的重要目标之一就是提高人的素质，让学生个性得到健康发展。这种"为考而教"的做法是不可取的。因此，我们教师要彻底摒弃"为考而教"的观念，消除学生"为考而学"的心灵阴影，树立"考、教、学的统一"意识。一是育人意识：考试只是检验教学效果，改进教学方法的一个重要手段，并不是真正目的，我们的目的是要提高人的素质，通过考试来了解、把握学生的学习情况，校正学习的失误，以利于自己的教学，为学生终身负责。二是目标意识：小学语文考试要以《大纲》为纲，以教本为本，复习迎考时，教师应按"听、说、读、写"四个方面的内容梳理各年级的知识能力点，组成系统完整的知能教学框架。这些知能点是平时教师教的依据，学生学的目标，也是质量考评的标准，"考、教、学"三者目标统一，内容明确，不但有利于帮助学生牢固掌握知识点，构建知能框

架,而且有利于减轻学生课业负担,提高教学效益。

二、内容上变"重知识轻能力"为"知识、能力、情感的统一",发挥导向功能

在考试中,我们往往会看到这种现象:看拼音写字词得分高,但学生的普通话、口头表达能力却不熟练,缺少感情。为什么会出现这种情况,道理很简单:看拼音写字词必考,必需教;普通话不考,不必教。考什么,教什么!学生的学习怎么能不脱离实际,高分低能呢?

因此,考试内容要正确发挥考试对实施素质教育的导向作用,要科学地出好测试题目,保护学生的积极性和主动性,让"分""能"对应,知识、能力、情感有机统一。

1. 考试内容要符合发展学生语文素质的要求。①重视音、字、词、句、段、章的基础知识和听、说、读、写、书的基本能力。②矫正机械识记、大量重复训练的倾向,既重视听说读写书,又重视记忆、理解、运用、创造等能力。③重视语言文字的积累、理解和运用。

2. 科学设计试卷。根据"考、教、学统一"的质量考评标准,编写"双向细目表",制订"考题分类分配表"。如在今年六年级语文期末考试中,我们把考查内容分成"语言积累"、"语言理解"、"语言表达"三大块,就"语言表达"一块是这样设计的:

内容结构		题型	权重	考查范围	备注
语言表达（40分）	修改一段话	客观题	5	综合改错（标点、错别字、病句）	用学过的修改符号
	应用文写作		5	通知、会议记录、表扬稿、请假条、书信、留言条	任考一种
	作文	主观题	30	以写人记事为主	有中心、有条理、有重点、有实感

考试内容上依据《大纲》要求,较好地克服了重知轻能、重理解轻应

用等缺点；严格按"双向细目表"分类，对应编题，避免出题的随意性，实现了考试内容的科学化和素质化。

三、形式上变"重笔试轻口试"为"笔试、口试的统一"，发挥管理功能

目前，仍有不少学校把笔试作为小学语文考试的唯一形式，这显然不能适应发展学生语文素质的要求。确实，小学语文中不少内容可通过笔试的形式进行测试，但是，听、说、读要通过笔试形式来考查则比较困难。所以，小学语文考试除笔试外，还必须进行口试。

在实际工作中，我们尝试"分散小测验"，加强管理，倡导把听、说、读等不能用书面测评的知识能力点，用分散小测验的形式进行，并最终在语文素质的听说、朗读栏中用"优秀"、"良好"、"及格"来评价（"不及格"一般没有，可允许补考）。内容决定形式，不同的内容可采用不同的形式，如表情朗读、看图说话、听记等知识能力点，形式可以是比赛、朗读、表演等，让学生在轻轻松松、其乐融融的气氛中进行。

因此，发挥考试手段的管理功能，有利于克服重笔试轻口试的倾向，有利于口试与笔试的统一，促使学生生动活泼地发展。

四、评定上变"重结果轻过程"为"结果、过程的统一"，发挥激励功能

试题的科学性、可靠性、全面性、灵活性有其重要的指标，但是科学客观灵活地评定成绩也是不容忽视的。我们既要看评定的标准，又要看学生努力的程度和成绩，既要看结果又要看过程，而正确处理评定的标准和学生努力程度及成绩的关系是实现结果与过程统一的有效途径。教育心理学家纳特瑞勒探讨了评分标准对学生的影响，认为评定的标准和学生努力程度及成绩的关系，成倒 U 型。在一定范围内，学生的努力程度及成绩随着评定标准的升高而递增，在某一点上达到最佳匹配，之后标准越高，学生的努力程度和成绩反倒不断下降。这对教师的启示是：为学生设定合适的评定标准，才能鼓励学生努力学习，提高他们的学习成效。

需要注意的是，我们首先应该保证标准的合理性、一致性和有效性。这样才能使标准处在学生的最近发展区内，并且适当超过学生的当前水平，对于每个学生都具有挑战性，让他们"跳一跳，摘到桃"，以此激发他们的学习动机，提高他们平时学习的努力程度及成绩。

综上所述，只有正确运用考试这一手段，充分发挥考试的多种功能，改革考试思想、内容、形式和方法，才能达到科学客观有效地考评学生成绩，促进语文综合素质提高的目的。

（原载《江苏教育》1998年11期）

阅读教学中"预设"与"生成"的操作策略例谈

阅读教学中,"预设"与"生成"是相辅相成的矛盾统一体,正确处理这一矛盾的关键是科学而艺术地把握预设与生成相融合的核心因素——三维目标。以三维目标审视教学资源,弹性设计教学,促进课堂的动态生成,在感悟、积累、运用的动态过程中,把握"知识与能力、过程与方法、态度情感与价值观"的同时,实现教学设计与课堂教学的和谐共振。

一、变"形式限制"为"预设创造",让教学设计留有"弹性"

(一)教学目标伸缩递进策略。

从"知识与技能、过程与方法、态度情感与价值观"三个层面有机地整合和设定目标。教学目标具有伸缩性,其价值取向在于回归生活世界,重建学生精神生活,赋予教育于生命意义和生命价值。实际中,我实施三维目标伸缩递进策略,即以完成认知目标为基础,充分挖掘显性认知目标背后所含的隐性目标,敏锐地发现"生存"与"预设"的相通之处——认知点,使教学目标有群体上的预设和个体上的落实,在完成认知目标的基础上,着重培养学生的情感目标,从而促使学生语文综合素质的提高。

如《学弈》教学设计(片段):

1. 成语引路,温故知新。①成语接龙。若干小组接龙比赛,以多为胜。②典型释义。从中选出最能体现白话与文字区别,又便于学生释义的某个成语,让学生说出字面意思。如:"狐假虎威",就是"狐狸借着老虎的威信"。③简介"文言"。成语是文言,意思是白话。我们对文言文并不陌生。说出的许多成语来源于文言文,现代文里也有文言的成分,成语、句式等,是中华民族优秀的文化遗产。学习文言文,不但可以从中学习古代的优秀文化,而且学到大量成语和其它文言词汇和句式,对提高语言的感受能力、理解能力、表达能力,都有重要意义。

2. 今译搭桥，降低难度。①引题解题。知道"专心致志"吗？它来源于文言文——《学弈》，题目指"学下棋"。②讲述故事（用现代白话）。③导入新课。这样一件事用文言写下来，会是什么样子呢？我们来学习课文。

设计课前让学生回忆学过的成语，由成语接龙游戏导入新课，以激活原有知识经验为基础，既预设群体学生对白话与文言的本质区别，又引导个体学生对典型成语与意思的属性区别，为学生发现成语释义与《学弈》故事间的相通之处——"成语与课文是文言，意思与故事是白话"做铺垫，使之成为认知的起点、新知的生长点。在展开过程与方法目标——"从学生原有的语言知识和语言经验出发"，"通过诵读、古今联系的方法"中，落实知识与能力目标——"让学生初步地感性地认识文言文的特点"，"让学生积累一些文言词"等；落实情感态度价值观目标——"培养学生对文言文的学习兴趣"，让学生"明确学习做事必须专心致志的道理"。

（二）教学内容调整组合策略。

优秀的教学内容具有时代性、全面性和实用性，教学设计时必须"跳出学科看学科，跳出教材用教材"，即调整组合。

1. 重新组合。①本册课文前后调整。如配合时令，在春天花开时教学《燕子》《忆江南》等课文，使小学生思维与直观材料相联系，丰富生活经验，形成表现积累，促进语言发展。②上下册类似内容调整。按不同题材体裁归类，指导对照比较，发现规律，运用方法，体现"扶其肩——携其腕——放其行"的阅读能力训练过程。如第九册《迷人的张家界》和第十册《青海湖，梦幻般的湖》。③语文与其它学科相结合。知识是相对独立互相联系的，学科间的知识是有机联系的。如思品课《什么是真正的友谊》与语文教材《伟大的友谊》放于同一时间段上，有利于意义上的构建和整体上的优化。

2. 适度改编。①增补——"自然风光、文物古迹、风俗风情以及日常生活课题"均可利用，如《向往奥运》中利用21世纪"中外体育文化"，

《世纪保鼎》中利用飞速发展的"科技动态",甚至关注生命的"抗击非典"。②删减——减少重复,减少分析,不以教师思维代学生思维,留出"空白",供学生补充与生成。如《丰碑》中,"将军什么话也没说",设计上可让学生练笔补白:真的无话可说吗?会说什么?引导学生形成对军需处长的立体认识与价值取向。

(三)教学过程弹性区间策略。

阅读教学是一种意义建构的动态过程,是师生的人生价值得以实现的过程,充满多元性和不确定性。教师要承担起教学过程的"重组者"、动态生成的"推进者"的重要责任,实施弹性区间策略。如《西门豹》第二课时的设计,横向上分"教学内容、教师活动、学生活动、设计意图"四个层面;纵向上分"复习引入——提出问题,指导学法——学习'破除迷信''兴修水利'部分,质疑问难"。就"破除迷信"设计:①教师活动为:提出要求(自读"送新娘"自选方法,体会西门豹的方法妙在哪里?)——研读了解——班际交流。②"学生活动"为:自读感悟——读文画句思考——朗读扮演。③设计活动意图:还学生自选方法的权利,使教学内容有"弹性区间"——收集信息——多元感悟。

设计按结构性要求重组教学内容、研究学生实际状态并考虑学生发展需要,把具体教学内容和教学过程条线式地策划起来,改变形式限制,以师生三个活动区域,形成留有"弹性区间"的教学策略,为师生在教学活动中主动参与、积极互动、创造生成创设条件。

二、变"执行教案"为"动态生成",让课堂教学富有"生成性"

1. 认知错误策略——大不一样。

师:他刚才哪里读错了?

生:他把"大不一样"读成"不大一样"。

师:这两个词意思相同吗?

生:意思不同。"大不一样"是说差别很大,"不大一样"是说差别并不大。

师：读读课文，想想秦岭与兴安岭差别大不大？

生：他们差别很大。秦岭"云横"，而兴安岭则是"那么温柔"。

师：谁到黑板上来画画，看看各是什么样子的。（生作画）

师（指图）：一个险峻，一个温柔，看来，二者确是——

生：大不一样。

学生在学习过程中发生的种种错误，教师是难以一一预测的。教师执行教案而按部就班，必须对学生这些认知错误，现场作出价值判断并决定如何进行纠错正谬、生成有效的教学资源。当学生读到《林海》中重点句"大兴安岭这个'岭'字，可跟秦岭的'岭'字大不一样"，教师意识到，一个字的字序有错时，词的意思差别很大，就可运用认知错误策略，生成价值，体现活的动态的教学。

2. 质疑问难策略——五彩池能游泳吗。

生（在教学深读时）：五彩池能游泳吗？

师（顿了一下）：池里能不能游泳取决于四个条件：一是池的大小；二是池水的深浅；三是水质的好坏；四是池底有没有障碍物。请深读课文，自己找答案。

生1："大的面积不足一亩，小的比菜碟大不了多少。"说明大的可以，但不舒服。

生2："互相连接，水也来自同一条溪流"，说明水很干净，可以游泳。

生3："池底生着许多石笋"——游泳一定很危险。

生4：五彩池是游览胜地，水环境要保护，不允许游泳。

师：带着疑问认真读书，求得解决，这才叫读书。

"学贵有疑，大疑则大进，小疑则小进"。可见学生质疑，教师解疑，是课堂生成的主要因素。以质疑问难策略引发认知冲突，适度点拨，不仅使学生的学习积极性得到发挥，而且过程本身生成新的因素，由解疑提升到学法指导，读书习惯的培养，可谓"一石数鸟"。

3. 实践活动策略——自选方式，汇报收获。

师：课文《草原》学完了，你能用自己喜欢的方式，汇报学习的体会或收获吗？（生高兴准备）

生1（上台交流）：我用画画的方式汇报。我画了一幅《敬酒图》，说蒙汉两族人民互敬互爱，结下深情厚谊。（一看，还画了碰杯的声音、滴酒的水珠）。

生2：我也画了一幅画——《迎客图》。瞧，图上穿蒙古服的当地人民正走下马，握着老舍爷爷他们的手，表示热烈欢迎呢！（图底有绿草，有蒙古包点缀）

生3：我用作诗的方式汇报收获。我写了一首七言诗《蒙汉缘》：蒙古草原绿又美，牛羊成群色彩明。蒙汉情深不分离，来生有缘再相会。

"生成在于活动"。语文实践活动是学生学习语文的主要途径。随着实践活动在课堂中的加强，小学生演、画、写等活动逐渐频繁，其生成的资源往往和学生对课文感悟程度息息相关。把握学生身心特点和学习规律，运用实践活动策略，有利于多元反应和独特体验，推进教学资源的有效生成。值得一提的是，以上几点"生成性"课堂教学策略和"弹性"教学设计策略是就主要方面而言的，教学的多面性和师生的生命活力是无法预料教学所产生的成果的全部范围。

"登山则情满于山，观海则意溢于海"。在新课程改革实验的今天，当我们以"预设与生成"的理念，把学生当作崭新的个体时；当我们扬弃传统的设计与教学，科学而艺术地把握犹如一枚硬币的两面——"预设"与"生成"，把握教学的"弹性"设计与课堂的"生成性"教学时，我们的语文课堂因无法预见而变得精彩而有价值，因生命活力而充满灿烂阳光！

（原载《小学教育科研论坛》2004年第5期）

小学语文"感悟教学"策略例谈

一、语言感悟教学的概念界定

目前,随着课改的不断深入,许多理论和实践的问题引起了百家争鸣,新概念的存在和演绎为语文教学提供了全新视角,特别是不合时宜的"双基"教学引发了语文界的强烈反响。如何依据新世纪的现实需要,聚焦"语言"核心,回归"语言"本位,重新审视阅读教学的"语言感悟",正成为广大一线语文教师亟须解决的重要课题。我们立足"感悟教学",进行现状反思、实践操作、辨证把握,来"感悟"浓浓的"语文味"。

我们认为:"感悟"是对事物本质与规律的迅速识别、敏锐洞察、直接理解和整体判断的一种感觉与领悟。"感悟教学"就是教师充分引导阅读主体把语言文字放在具体的语境中感受,并且对语言文字进行多角度、多层次、全方位的整体把握,从而获得言语意义与价值。它具有模糊性,需要"大处着眼,小处着手",灵活生成。

二、语言感悟教学的现状分析

一是游离了教学目标。没有语文味的"语文"课,在课改初期倍受好评,曾经独领风骚。究其成因,是应课标之新,符综合之创。"语文是文化的一部分",当然是越丰富越好。于是舞蹈、音乐、美术一股脑儿涌入课堂,把这么多文化堆砌在一起,语文的个性没有凸显,反而大大地淹没了"语文味"的本位教学。殊不知"人文"有时候表现为一种情趣,一种精神,外显为一种氛围,但真正的人文内涵是以生命为根基,以文本语言为承载的。语文三维目标虽然是多元的,但就一堂课而言,主要目标是在人文性与工具性统一的前提下,学习、感悟和运用语言。显然,这种丢失承载的文本语言,"缘木求鱼"式的"人文"氛围,游离了语文教学的主要目标。

二是脱离了文本语境。有不少语文课，学生初读还不流畅，甚至读时还有停顿、颠倒的错误，还有增字、漏字的严重现象，教师就急于开讲，于是课堂上只能是多数人当观众，少数人当主角，教师讲得"痛苦"，预设的说写感悟，学生几乎没有完成。也有的语文课，教师问题一个紧接一个，而学生是不假思索地抢答，望文生义地臆断。这些都不是感悟，并且脱离了感悟文本的基础——"读熟"，脱离了文本的阅读和语境的把握。

三是偏离了学习过程。有的教学过程似乎无懈可击，如让优秀学生告诉后进生答案。认真解读，其本质上是一种优秀生向后进生的灌输。培养语文的能力主要是实践，"应该让学生更多地直接接触语文材料，在大量的语文实践中掌握运用的规律"。学生没有亲自与文本亲密接触、与文字亲密触摸、与学习过程亲密探究，始终在听优秀生说、教师评，仍旧是被动的接受者。

三、语言感悟教学的操作策略

（一）策略之一——合理确定语言实践目标。

教师必须立足"课标"的"总目标"，着眼学段的"阶段目标"，着手"课时目标"即课时的"语言感悟目标"。应该特别重视课时目标的确定：一是以"知识与能力"为主要目标，在其达成的基础上，渗透"过程与方法"、"态度、情感与价值观"。二是课时目标要重点突出鲜明的语言个性、容易操作和达成度的检测，切忌大而笼统，用到哪一课都合适。三是目标要少而精深，讲究一课一练、一课一得，循序渐进，切忌面面俱到。四是确定课时目标时，必须把文本语言的特点与学生的语文现状紧密联系起来。语言实践目标的确定，为整体把握语言的训练奠定了可靠的基础，使语文课堂教学的"语文味"有章可依、有的放矢。如研读苏教版的低年级教材《世界多美啊》时，有一位教师是这样设置语言目标与感悟活动的：

第一步：考虑学情设疑问。城市的孩子对小鸡孵化没有直观的感受，无法体会小鸡破壳的艰苦努力，更无法感悟体会文本的主旨，怎么办？

第二步：细究文本创情景。文中有"睡——醒——啄——撑——

叫——站"等一连串描写小鸡出壳的动词；有"小鸡用小嘴啄蛋壳儿，他啄呀啄呀，啄了很久，才啄出一个小小的洞眼"的出壳过程。围绕这些关键词语，师生表演，体会小鸡啄壳的艰难。

活动1：演中引——"啄呀啄呀，啄了很久"，感悟"纹丝不动"。

活动2：演中导——"蛋壳真硬呀"、"我感觉有点儿累"，感悟"啄了很久了"。

活动3：演中辩——"算了，这么费劲，我们放弃吧"、"不"、"蛋壳被啄出了一个小小的洞眼"，感悟成功的喜悦。

活动4：复述小鸡出壳过程。

至此，感受语言"天空是蓝湛湛的，树木是绿茵茵的，小河是碧澄澄的"，体会文本的主旨，就"顺理成章"了。

（二）策略之二——正确设置语言感悟载体。

感悟语言是建立在正确设置语言感悟载体基础上的，主要是通过挖掘文本中典型的有特色的语言，并以此为语言教学的载体媒介，引导主体去感悟语言和发展语言。何谓典型的有特色的文本语言？一是语言的亮点——文中写得精彩的优美规范的富含情理意趣的语言精品；二是语言的空白点——作者的弦外之意、韵外之致的点睛之笔或主旨所在的语言文字；三是语言的情感点——能引起学生学习兴奋的情感共鸣的语言文字等媒介。我是这样正确设置语言感悟载体的。

如在教学"它们有的顶球，有的钻圈，有的举重，有的嬉水跳跃，游客不时被逗得开怀大笑"这一具有想象空白点的句子时，我以"选择一个自己喜欢的节目来说生动"设置语言训练，发展思维，一举两得！

师：看（依次点击图片）它们有的——（生读）顶球，有的——（生读）钻圈，有的——（生读）举重，有的——（生读）嬉水跳跃。

师：它们是怎样表演的？"童心"旅游团的小游客，你选择一个自己喜欢的节目来介绍，比一比，看谁说得最生动？

生1：我选择"顶球"。只见海狮越出水面，顶了一下红球，红球就忽地往上升。

师：给你一个词语"猛力一顶"。

生2：只见海狮越出水面，用嘴猛力一顶，红球就忽地往上一升，始终不能落下来。

生3：我选择"嬉戏跳水"。两只海豚亲热地靠在一起，飞上半空，一个漂亮的跳水动作。

师：我也给你一个词语"不约而同"。

生4：两只海豚仿佛是最佳组合，不约而同地地靠在一起，飞上半空，一个漂亮的跳水动作，落入碧水之中，仿佛冠军似的。

生5：我选择"钻圈"。你瞧，一只海狮看准圆圈，用力越出水面，仿佛一道粗粗的白线，灵巧地钻过小圈，潜入水中。精彩的节目引得游客开怀大笑。

教师创设适合文本的语言情景，由"看"而"感"，由"思"而"悟"，引领学生走进文本，走进心中的"项目"，身临其境地感受文中跳动着的喜爱之情，更可贵的是设置"描述"的语言实践，引领学生走出文本，用自己的语言表达出感悟。语言与情感在"空白点"得到扩充丰富、延伸拓展，融为一体。教师抓住"空白点"，并以此"借题发挥"，使学生的语言得到了实践和发展。所谓"但肯寻花便有诗"讲的就是这个道理。

（三）策略之三——有效选择语言感悟方法。

1. 在激活积累中感悟。

图式理论认为，阅读感悟的重要因素是知识背景，知识的感悟是建立在已有知识经验上的，感悟的深度和广度取决于背景知识的丰厚程度。学生头脑中积累的相似知识越多，越有利于选择、匹配、激活相似知识信息，越有利于阅读感悟的深刻。"得之于俄顷，积之于平时"。因此，教师要引导学生多积累语言文字，知识经验；同时要激活学生潜伏的图式系统，进入意义建构。如教学《找春天》时，教师组织交流（课文语句内化为自己语言）：

师：春天在哪里？

生1：春天在小草碧绿的脑袋上。

生2：春天在早开的野花中。

生3：春天在柳树的点点嫩芽中。

生4：春天在小溪叮叮咚咚的流水中。

生5：春天飞到我的声旁，悄悄地告诉我，"春天来了，快脱掉棉衣吧！"

师：春姑娘还会飞向哪里？

生1：春姑娘飞过田野，田野里披上碧绿的新装。

生2：春姑娘飞过花园，花儿露出五颜六色的笑脸。

生3：春姑娘飞过树林，树木吐出点点新芽。

生4：春姑娘飞过小溪，小溪叮叮咚咚奏起春天的乐曲。

教师在学生积累课文语言的知识基础上，以"春姑娘还会飞向哪里"组织感悟，激活背景中原有的语言积累，相互启发、相互补充，同化和顺应语言过程，建构新的语言，使感悟从一个阶段发展到另一个阶段，实现了对原有知识经验的深化和突破。

2. 在语境叠加中感悟。

语言感悟是在一定的语言环境中进行的，拓展语境，扩展语言习得空间，合理引进相关教学资源，在语境的叠加中丰富视像，折射语言张力，文字与视像互现，是语言感悟教学的理想境界。如特级教师王崧舟教学《一夜的工作》中的句子"室内极其简单。一个不大的写字台，两张小转椅，一盏台灯，如此而已"时，引导学生把目光集中在"极其简单"上，进行四次语境的叠加与扩张。

第一次："宫殿"一词，想开去啊！你们会想到这个房子的主人是谁？电视上看到过的宫殿，回忆小说里读过的宫殿，都与什么联系在一起，他的主人可能是谁？

第二次：同学们想一想亲王的宫殿里面曾经会有些什么东西？学生想

象：价值连城的古董，金银珠宝，精美的雕像，绫罗绸缎，所有的东西都是用金子来做的……

第三次：有可能啊，因为他是个摄政王嘛。但是，你们看，今天成了我们敬爱的周总理办公的地方，我们看到了什么？来，拿起书本，一起读这句话——

第四次：周总理是堂堂的中华人民共和国的总理，想一想，他的手中握有多么大的权力？再想一想，他的肩上挑有多么大的担子？你替我们的总理想一想，在他的办公室里，应该放些什么？（生畅所欲言）我们再看看，在总理办公的地方，看到了豪华的书橱吗？看到了古玩器皿吗？看到了摄政王官邸里的陈设吗？（生"没有"）我们只看到——（生激动地读）"室内极其简单。一个不大的写字台，两张小转椅，一盏台灯，如此而已。"

王老师这一经典教学，是在一次次的语境叠加中不断引导，折射出语言张力如一张网，展现在学生面前的是由"极其简单"所派生出的丰富视像，拓展语言感悟与习得时空，使周总理的伟大人格魅力在学生心目中刹那间凝聚成永恒！

3. 在实践体验中感悟。

思维是感悟的关键，感悟是思维的表现。皮亚杰认为"思维是从动作开始"。小学生好动是天性，在阅读中，顺应其天性，放手活动实践，在体验中有所得，有所悟，可以从以下入手。一是通过画图，借助想象，还原形象，图文结合，促进感悟；二是通过实验，围绕教学目标，动手操作，突破难点，落实训练语言。三是通过表演，动手做，动口说，动身显，动脑想，使语言文字栩栩如生地展现在学生眼前，同时，在体验中融入自己对文本的感悟和再创造。

如教学《赶海》中的"那边一个小伙伴，正低着头寻找着什么。我走过去想看究竟，小伙伴只努努嘴儿，不作声，原来是一只螃蟹不甘束手就擒，正东逃西窜哩。突然小伙伴'哎呀'一声叫起来，原来是螃蟹用大螯夹住了他的手"这一情景。

师：我想过来看个究竟，你"努努嘴儿"是什么意思？

生1："嘘——"别过来，别过来，我正在逮螃蟹呢！

师（问演螃蟹者）：你这么东逃西窜干什么？

生2：我可不想这么轻而易举被他抓到！

师：原来他是——

生：（书上语）不甘束手就擒。

师：你刚才"哎呀"什么呀？

生1：我千方百计要抓住他，眼看就到手了，没想到反被他咬了一口，"哎呀"，痛死我了！（众笑）

教师给予学生实践表演捉螃蟹的机会，还原生活情景，还原语言文字，在演、评、说、感中，激发情趣，架起文本与学生的思维与形象，使学生代文本"说话"，体验"语"出我口，"言"自我心，"感"有所思，"悟"有所得。

四、语言感悟教学的两个辩证关系

（一）"感"与"悟"的关系。

"感"是对语言的直接接触、理解和感受，是建立在"悟"的基础上的独特体验。整体性和形象性是"感"的基本特征。"悟"是觉察、顿悟和领悟，是在充分感知的基础上的，是在思维、想象、情感等心智活动的参与下，对阅读材料以及语言组织形式等方面的深层把握和体察过程。思想性和情感性是"悟"的基本特征。在语文教学中，学生"感悟"语言文字，必然会经过一个由浅入深、由表及里的认识与体察过程。正确处理好"感"与"悟"的关系，就是要合理把握"感性、悟性、灵性"三个层面的教学。在"感性"层面上，教师教会学生用眼睛吸收语言符号，用想象将文字符号化为可感的画面，通过"你了解了什么""你知道写什么"等浅层次问题来检查学生对文本的信息了解。在"悟性"层面是学生深入理解语言文字的中介，是"感知"基础上的进一步激思、动情、明理。通过提炼、概括、阐发、交流，通过"你读懂了什么""你从中体会到什么"等问题引发学生，潜心会文、披文入情，以传递情感、融通经验、唤醒表达，豁然领悟。"灵性"层面是学生产生悟性，开发灵气、鲜明个性的表现，教学中教师鼓励学生敢于质疑、标新立异、坚持真理……通过"给你影响最深的是什么""哪里写得好，为什么""还有什么不同意见"等问题，引发学生对汉字思维内涵多样性、内容丰富性、阅读多解性、思维多向性的感悟。三个层次中，前者是基础，中者是中介，后者是归宿，是相互促进，相互影响，共同完善语言感悟的。

（二）"语言目标预设"与"感悟过程生成"的关系。

"语言目标预设"指设置课时教学目标，建构以"语言感悟运用"为主的教学目标，以此实现"三维"目标的交融。在传统语言感悟中，一些教师挖掘不出语言载体中的语言价值，不能进行精密的设计，往往跟着感觉走，进行盲目操作，效果当然不理想。因此，实际操作中，教师课前认真钻研教材文本，充分挖掘文本语言的"亮点"、"空白点"、"情感点"等，深入了解学生的特点与生活背景，开放性地纳入弹性灵活的成分。整体预设由易到难，循序渐进，前后联系，滚动进行，多次反馈；形成训练群，有一定的层次，即语言的广度和深度；符合学生语言发展的规律，即大致经历"认识——理解——运用"的实践阶段，而其中的"运用"是关键，是一切语言感悟教学的立足与归宿。"感悟过程生成"就是指"灵气"地生成教学过程，教师敏锐地捕捉即兴创造的火花，关注出错出枝的细节，机智地生成教学，引燃文本与个体的语言，超越预设的目标。课堂伊始，适度陈述，提供感悟可能，试探着"我的起点对吗"，这是准备阶段。读悟阶段则反思预设是否符合学生实际，读文感知，或创设情景，或重组建构，或联系生活，或互动体验，随时生成，印证意义。最后是形成感悟和评估结果阶段，即引导学生"语用"，辅之以问题质疑，来表达语言，舒展灵性，升华情感，使"感悟教学"焕发勃勃的语文气息！"语言目标预设"是"感悟过程生成"的前提，"感悟过程生成"是"语言目标预设"的抓手。感悟生成的质量依赖于语言预设的质量，两者是相辅相成，相互作用，螺旋式上升的。这需要我们教师用较高的专业素养，弹性而开放地设计教学，灵活而机智地生成课堂，从而科学而艺术地处理好两者的关系。

综上所述，只有走出语言"感悟教学"的误区，合理确定语言实践目标，正确设置语言感悟载体，有效选择语言感悟和运用方法，辨证处理"感"与"悟"、"语言目标预设"与"感悟过程生成"的关系，才能使学生真正"感悟"并运用祖国的语言文字，"感悟"课堂上浓浓的"语文味"，成就语言的精彩！

第三章

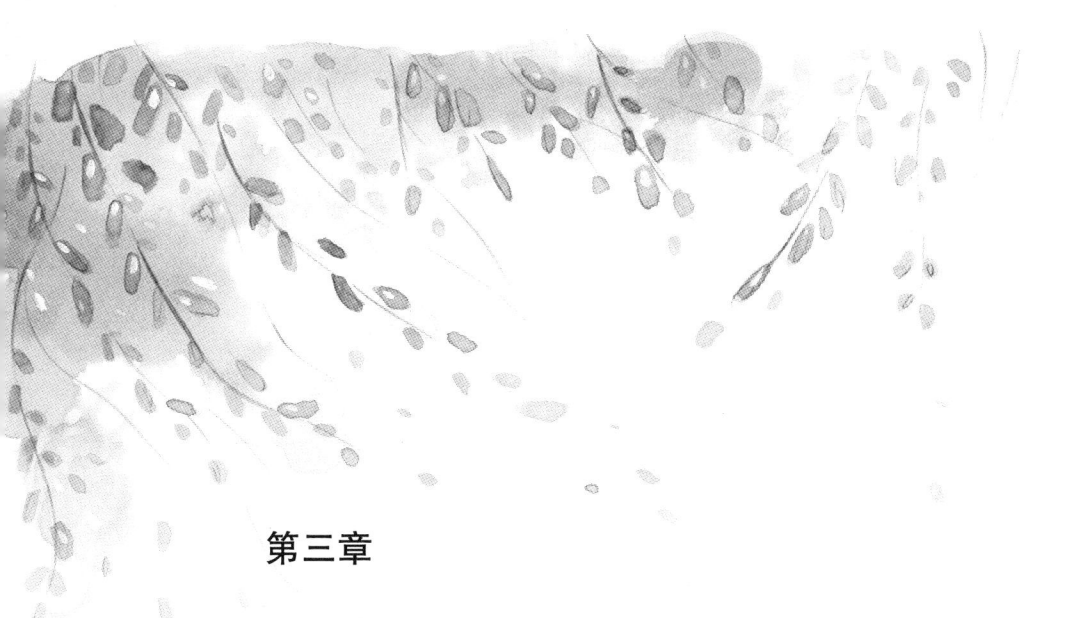

我的求索：回归"读懂"儿童的科研

在教学研究的道路上，实践着对语文的理解，痛苦而快乐地经历着"我是语文""我不是语文""我还是语文"的三重境界。让教学研究真正走进生命的历程，以教研为先导，以实践为凭借，努力"读懂"儿童，才是对教育的最佳阐释！

十年磨一剑
——让教学研究走进生命的历程

1988 年 8 月,我毕业于江苏省吴江师范学校,并被分配到吴江八坼中心小学,成了一名普通的小学语文教师。二十四年过去了,回顾自己"是语文——不是语文——还是语文"的经历,觉得真正得益于"教科研"的专业引领。

一、我"是语文",开始一个"勤"字

像许多 1980 年代的师范毕业生一样,我 1988 年 6 月毕业后,回到家乡镇中心小学开始了教学生涯。教导主任问:"喜欢什么学科?""语文",我不假思索回答。就这样,第一学期开始带三年级(1)班语文。记得有次教学课文《盲童的画》,我充分预设化文字为画面的情景,启发学生描述画面内容感悟画面的美丽,联系自己生活,与盲童比较,从而感受盲童的美好心灵,较好地激发学生热爱生活的情感。课下,我带着学生写毛笔字,写作文投稿,开展拔河比赛。休息日,指导学生出黑板报,排练节目,班集体充满了生机和活力。1990 年前后,各班都在开展班集体创建活动,"五讲四美""学雷锋学赖宁""参观除尘设备厂""春游苗圃"是班主任最崇尚的活动,也是学生最喜欢参与的。每次活动后,我会把活动整理成文,写在黑板报上,甚至投寄《辅导员》之类的刊物。那时,学校每学期末要组织统考,我班的语文成绩总是名列前茅,遥遥领先是常事。"我是语文"的感觉越来越好,越来越有趣,我也越来越有成就感。这源于"勤"在"五认真"上。二是"勤"在自学进修上。1995 年始,许多老师开始参加小学教师自学考试。我首当其冲,白天忙于工作,晚上忙于学习,遇到全镇开课、学校调研,更是忙上加忙,以"勤"见长,把功课一门门啃下,拿到了小学教育专业的大专学历。三是"勤"于笔耕。当时,学校订阅了《江苏教育报》,为班级订阅了《汉语拼音报》、《小学语文报》、《中国少年报》等。

我自己写教育随笔，引导学生写作文，用实践走"我是语文"的教学之路初见成效。《盲童的画》教学设计在县里获奖了，学生作文开始发表于少儿报刊了。"勤"让我尝到了"语文"的甜头。

二、我"不是语文"，实践一个"研"字

"九五"间，市教育科学研究室鼓励学校开展群众性的教育科研，要求设立教科室，我也从一名普通的语文老师走上教科研管理的岗位。当时，学校立项了苏州市"九五"课题"以美术教育为突破口，全面提高学生素质"的研究。我尝试研究"渗透美术因素，提高语文素质"，还真的找到"以画揭示主旨""以画理解词句""以画展开想象""以画表达语言"等方法。当时，市教育局成立了全国重点课题"苏南农村小学艺术教育现代化模式的研究"实验区，课题组每学期都要围绕"研究一个子课题、设计一份教案、上一堂公开课、写一份课题总结"进行。艺术特色学校的名声大振：一会儿兄弟学校来观摩，一会儿国家艺教司来考察，一会儿电视台来录像，一会儿介绍成功经验。

渐渐地，读理论的时间多了，实践教学的时间少了。特别是1998年，我承担市"争当科学小雏鹰"的班队课，大量的精力花在"争章达标"的活动上，虽然苏州市优秀班集体、辅导员等荣誉渐渐多了，但是与学生的课上交流日益少了，任教的语文课渐渐失去了趣味。在唱着《七子之歌》的日子里，吴江市"百节好课"活动如火如荼。参加赛课与我无缘，辅导学生与我擦肩而过，课堂教学能力长进微乎其微。"我是语文"得不到真正的阐释，"我不是语文"的感受却充盈头脑。特别是1998年6月《江苏教育》编辑许元新老师辅导"教海探航"论文的写作时，看到我的"美术中渗透"，说"渗透语文，选题价值不大"。我隐隐约约感到自己的幼稚，丢失了语文本真的味道。也就在那时，我尝试毕业班语文考试的改革实践，体现"语言积累、理解、表达"的层次考查，并及时总结投稿。出乎意料的是，《立足素质，改革小语考试》发表在当年11月的《江苏教育》上。是呀，如果没有"渗透"的"研"，没有教科的实践，没有编辑的"一言道

破",没有时间与机会的失去,怎能换来"研"的自由和创造,换来新的收获与得益呢?

三、我"还是语文",落实一个"创"字

2000年以来,新课程改革如火如荼。"对语文应该有新的认识"成为我的迫切想法。要寻找语文的本真,寻找语文教学的本色,寻找语文教师的本源。每每看到吴江市语文学科带头人、大市名师的语文课,这种感觉越发真切。2001年,特级教师薛法根的《螳螂捕蝉》的录像课,2002年苏州市学科带头人邹忠亮的《鲁本的秘密》教学,我听了又听,时常揣摩学习。2003年9月,我踩着夏阳,走进了市实验小学,开始"创"一条自己的教学之路。虽然,开始是创建学校的档案室,但在整理"金秋开课"的教案中学习,在参加调研中品味,在代课中感受。第一次听的是邹教导的《水乡歌》,浓浓的感情,扎实的训练,质朴的方法,给我留下极好的印象。当天,我就写下《让学生成为学习的主人》的教学感悟,发到了行知论坛上,后来发表在《教育科研论坛》上。在实验小学,学习的机会比较多,吴江市以上的赛课、观摩课、讲座,几乎每月都有,我几乎每次设法把握,自觉探寻语文的魅力。

2005年始,吴江市教育局办"小学语文教师高研班",我提出申请。领导的开明,同事的支持,加上"创"劲,更驱使我向往语文,向往教学,向往研究,也更加坚定了我对教科研的信念。2005年5月6日,迎来了开班仪式,"一堂课、一个课题、一篇论文、一个总结"的"四个一"要求,开始了"我还是语文"的最佳路径,每月一次的活动、平时的工作与学习,排满日常议程。听课、讲座、学习、记录、思考……充实又有生趣。三年来,我先后开设了《雪儿》、《拉萨的天空》、《黄鹤楼送别》、《望月》、《特殊的葬礼》、《槐乡五月》等研究课,分别研究"情感型课文教学策略"、"读写结合方式"、"朗读方式"、"文本语言的价值取向"、"教学资源补充的有效性"、"语言的感悟策略"等。教师进修学校会同导师很重视高研班的活动。这年10月,高研班在实小活动,我执教的是《黄鹤楼送别》,大家听了真诚地提出"要结合送别的背景,要结合想象意境,来学习文本语言"的意见。2006年5月上《望月》一课,同行启发我"要铺垫语言的训练,发挥学生的学习主动性"。立足"语言",遵循"儿童"的方式,我边学边改,渐入佳境。我清楚地记得进修校夏老师打电话告知——《槐乡五月》的教学设计获得江苏省一等奖,并参加5月24日"蓝天杯"的会课比赛时,内心又惊又喜,惊的是代表吴江学校去上课,喜的是能胜任赛课吗?于是,开始揣摩、试课。教师进修学校的李校长、导师,天和学校的谈校长与本组组员一起听课、评课、研课,像一家人一样,针对我的课堂语言、结构环节、学生引导等提出近10处修改意见,令人感动。赛课前,同事邹教导也给了我许多细节上的建议,显得中肯;组员沈老师又帮我准备课件,令人感到亲切!参加高研班的学员很多,我能得到领导的关心、导师的指导、同行的帮助,是多么温暖啊!

"宝剑锋从磨砺出","一分耕耘一份收获"。在历时两年的小学语文骨干教师研修中,我也取得一点成绩。至2007年6月,《教学价值引导的几个"经典"方式》等10多篇论文先后在《上海教育科研》、《江苏教育》等教育刊物上发表。《感悟"浓浓"的"语文味"》等近10篇论文陆续在江苏省教科院举办的"师陶杯"等论文评比中获一、二等奖。最令我欣慰的是:原本并不出彩的两堂课双双获奖。2006年9月执教的《望月》在中央教科所在南京雨花台区实验小学举办的"全国中小幼优质课展示评比"中获得一等奖;2007年5月在溧水实验小学执教的《槐乡五月》又获得江苏省第三届"蓝天杯"会课二等奖。论文与上课的质量较高、数量较多。也许在所有的学员中,我是最得益的一位。蕴藏在背后的是"勤"、"研"和"创",特别是《槐乡五月》的教学设计,整整历时一个月,前后修改近10遍,参考文章达20多篇,借班试上6次,试上了自己学校的班级,又去天和小学,才渐渐地有了一点"课感"。"课是需要千锤百炼的,需要揣摩的,对照比较,思考记载,实践改进,终会有进步的"。课堂教学如此,课题研究、经验提炼又何尝不是这样呢?到2010年底,学校的教科研工作渐渐出色起来:

荣获"吴江市校刊评比一等奖"、"苏州市教育科研先进集体"、"江苏省'蓝天杯'论文优秀组织单位"……我正是孜孜不倦地实践与创造，才一路向上，一路走来。

现今，组内的研课、学生的竞赛、论文的辅导、课题的研究……在我看来，尽心尽力，乐建平台，平实中自有一份应尽的责任和义务。

路漫漫其修远兮，吾将上下而求索！在教学研究的道路上，实践着对儿童和语文的理解，痛苦而快乐地经历着"我是语文""我不是语文""我还是语文"的三重境界。让教学研究真正走进生命的历程，以教科为先导，以实践为凭借，努力"读懂"儿童，才是对教育的最佳阐释！教学无止境，面对灿烂的阳光和风雨，我将无畏而自豪地迎接……

问渠哪得活水来？

——我参与教科研的"一二三"

小学教育工作中，不少教师靠的是经验和苦干，因而常常管不得法，教不得法，事倍功半，这就不能不影响教育方针的全面贯彻和教育质量的全面提高。"以教育科研为先导"，结合自己的教育实践来开展教育科研，是教师提高教育、教学和管理水平的一条重要途径。但面对教育现实，有的教师认为教育科研"神秘莫测"，也有的教师认为工作忙、任务重、时间紧，"远水不解近渴"，甚至明知片面追求升学率是一条"死胡同"，但是仍然违背规律，不得不往里走。

如何全面实施素质教育，促进学生生动活泼发展；如何减轻师生过重负担，提高课堂教学质量，使学生学得实，学得活，学得好。结合自己实践开展教育科研，是纠正这种不良倾向、提高专业水平的重要途径。实际中，我让那渠教育科研的活水源源流入自己的"责任田"，收获科研的乐趣。

一、更新观念，参与教科——一个课题

教育科研，对当初还未跨出师范校门的我来说，是一个并不流行的词语，总感到是一种理论，是一种遥远的东西，特别是毕业后跨进小学校门后，面对语文教学、班主任、少先队等各种各样的工作，更有不解近渴之感。况且教育活动中遇到的纷繁复杂的问题，急着去处理，去解决，似乎很有理由把教育科研排斥在外。

1993 年，学校组织开课活动。我选择的是四年级的独立阅读课文《盲童的画》，遇到的难题是多方面的。首先是教学时间上的问题：这是一篇独立阅读课文，内容较多，怎样一教时授完？我用上师范时学到的"重点突破法"，才有所眉目。其次是怎样突破重点？教参上的"点拨"、"质疑"、"深究"与实际相差是多么远啊！夜深人静，正是人们休息的时候，而我不得不冥思苦想，仔细琢磨，认真推敲。终于，寻找到了解决的方法：再现

盲童的画，用"化文为画"去突破重点，既激发学习兴趣，又体会画中蕴含的深刻立意。

真没想到，这堂课得到听课老师的好评，有位老师说："体现了李吉林的'图画再现情境'的原则。"真是听此一言，茅塞顿开，特级教师的理论与我们这样远又这样近，但是，平时自己对教育科研的认识又是这样的欠缺。

也正是这年，恰逢市里举办"教后一得"的征文比赛，我以此写成小论文，想不到得了"优胜奖"。也正是这时，我开始注重学习《苏州教育科研信息》之类的报纸杂志书籍。印象最深的要数那期班集体建设的专辑。我边读边实践，期末还通过了市优秀班集体的验收。望着校长递给我的两本红艳艳的证书，我感到无比光荣。我渐渐尝到教育科研的甜头，也纠正了错误的观念。教育科研与小学教育工作并不矛盾，它们之间有着内在的联系。同时更坚定了我的信念：教育教学工作，本身就有许多问题需要研究，需要探索。

真正参与教育科研，真正感受到教育科研不可估量的作用，在于参与课题的研究。1996年12月8日，吴江八坼，"江苏省'九五'招标课题，《苏南农村小学艺术教育现代化模式研究》"隆重开题，省市各级的有关领导、行家和人员云聚一起，看现场、听课、议题，档次之高，规模之大，实施之规范，对我校教师来说，纯属第一次。在议题时，特别是金鱼为等教授的新颖见解、个中要求，给大家留下深刻的印象，我们一线教师的脑海里也渐渐刻上"教育科研"的烙印。不知怎的，眼前浮现起开学初，市教委召开的教导、教科会议，市局再三指出开学初要拿出三个与学校特色相关的子课题。在任务重、时间紧的情况下我们连夜突击，针对学校的美术特色，虚心请教教科室领导，从选择课题、研究范围、步骤、时间等方面琢磨探讨，才拿出了"在语文学科中渗透美术因素的研究"等课题方案。当打印的信件投进邮箱时，才感到教科工作多的是寂寞与默默耕耘……今天，开题会召开之际，我心里升腾起一种坦然之情，不正是对教科工作的真情流露吗？此时此刻，望着醒目的课题，我更坚定了教科的信念，更明白自己肩上的重担。

二、学习理论，指导课题——二次取经

在吴江，小学教育科研搞得出色的要数市二实小，望着教科室那里规范的档案资料，沐浴着浓郁的教科氛围，折服之情油然而生。这里我着重谈二次取经的历程。

第一次取经是在1996年9月，我内心是比较焦急的，因为开题会召开，必须要准备一些基本资料，如学校的课题方案、计划等。上档次上规格的要求使我感到紧迫感、焦急感。当听说市教科室、教研室领着我们八坼、平望、菀坪三校的部分课题组员来二实小听课时，这种燃眉之急才渐渐消除，因为有机会取经了，有机会去解决问题了。当跨进教科室时，一下子被这一排排蓝色讲义所吸引住了，再打开，再翻阅，再记录，最后取而代之的是一种紧迫感、内疚感，总感到欠了学校，欠了领导。

找到了差距，就开始脚踏实地去修改课题，完善我校"苏南农村小学艺术教育现代化模式研究"的方案。就教育目标，我们分低中高三个阶段，从基本要求、美术教学内容、特色，及横向、纵向的渗透上去把握，循序渐进、逐段达标。就"语文教学中渗透美术因素的研究"，在操作上突出三个"抓"，即一抓"识字与美术、阅读与美术、作文与美术"；二抓"运用插图途径、运用板画途径、运用化文为画途径"；三抓"看说结合、读说结合、听说结合"。

如果说第一次取经救了燃眉之急，那么第二次取经理顺了工作的头绪。1997年3月28日，吴江市"九五"立项课题管理培训班在二实小开展。这次体会有三：①在形势喜人又逼人的环境下，学校的"九五"课题管理只许成功，不许失败。②初步懂得加强课题管理、规范教科管理的一般做法。③《吴江市教科管理档案目录》给我指出了努力工作的目标。即在"常规管理类"、"课题管理类"、"成果类"三方面去收集、整理、鉴定、保管、利用资料，发挥管理的效能。

三、勤奋实践，真抓实干——三项活动

作为一名小学教师，要想提高自己的教育科研素养，必须积极投身到小学教育科研的实践中去。一要勇于实践，解放思想，大胆创新，消除神秘感；二要勤于实践，做教科研的有心人，及时发现实际问题，进行有针对性的研究；积极慎重地寻找对教育实践具有直接指导作用的课题，进行全方位多角度的研究，紧贴教育实践的脉搏。三要善于实践，要掌握基本科研方法，以增强科研实践的有效性。

实践中，我真抓实干，突出三项活动：①突出"苏南农村小学艺术教育现代化模式研究"的活动：常规上注重完成"一个小课题"、"写一篇教案"、"上一堂研讨课"、"写一篇论文"；课题上突出子课题的管理，如组织进行"小学美术、音乐知识问卷"、"八圩中心小学学生智力、非智力测验"。②突出"在语文教学中渗透美术因素的研究"活动。如"化文为画"的探索：画中引趣，激发认识内驱力；画中析文，直接感知；画中入境，陶冶情感；画中内化，实践运用。平时，也注重语文教育的实践活动，给教学热点、难点问题把脉，如语文课上学生参与过程、走出小语考试误区等方面的探索。③突出班级美术特色活动。在本班进行粉笔灰画的活动，激发学生兴趣，变"要我学"为"我要学"、变"能画"为"善画"，积极探索划版、制作、粘贴、创作，以辛勤耕耘的汗水换来一幅幅浑厚凝重的绘画作品。

有苦有乐，有喜有忧，有花有果，要提高科研的素养与能力，并不是轻而易举的，需要长期不懈地努力。在今后的科研征途上，我将努力消除消极因素，充分发挥有利条件，以极大热情投入教育科研，博采众长，注重积累，以达到提高整个教育研究的目的，让那有源之活水，汩汩流入教育的田野，结出更多的硕果。

小学语文教学中渗透美术因素的研究

一、课题的提出

美育是学校教育的重要组成部分,其中美术教育对培养学生健康的审美观念,启迪心智,陶冶情操,促进智力和非智力因素全面和谐的发展,具有特殊的作用。

小学语文教材具有丰富的内容,几乎包罗一切美的表现,而且"集各种美的形态之大成,是一个相对完整的美的系统"。因此,在语文教学中渗透美术因素是可行的。语言可以描绘画面,图画可以反映语境。在语文教学中渗透美术因素,更容易也更乐于被学生接受和学习,是一种有效的教学辅助手段。

二、研究目标

探索在语文教学中充分利用教学手段渗透美术因素的主要途径,帮助学生进一步理解、掌握教学内容,培养学生学习兴趣,开发学生智力,提高语文教学效益。

三、操作办法

(一)抓好三个相关点。

1. 识字与美术。

为防止和纠正错别字,根据汉字的造字特点,对一些有规律性的汉字形体做有选择的图画示意,进行辨析,进一步促进学生形象思维的发展,提高学生识字能力。

2. 阅读与美术。

从句段层次实际出发,依据思维的逻辑顺序作分解式的示意,把一个个难以捉摸的抽象概念具体化,激发学生学习兴趣,帮助学生理解课文。如:以图示意;化文为图;看图学文。

3. 作文与美术。

一方面挖掘作文训练的形式，提高学生作文兴趣，如看图作文，绘画作文；另一方面，运用美术唤起回忆，指导观察，启发想象，训练表达。

（二）抓好三条途径。

1. 运用插图途径。

（1）作为复述课文的凭借，指导学生把握课文脉络，组织语言进行表达。（2）作为领会课文主题的门径，引导学生欣赏插图，抓住"特写镜头"，领会文章主题。（3）作为展开想象的媒介，一方面利用插图，为学生留下想象天地；另一方面引导学生作画，变文字为具体视觉形象，作为教学的延伸。

2. 运用板画途径。

（1）用板画解释字词；（2）用板画指示方位顺序；（3）用板画帮助理清课文条理；（4）用板画表示事物间的相互关系；（5）用板画表示诗情画意。

3. 运用其他途径。

（1）让学生为插画添色，如诗歌配画；（2）以图展示课文内容，如图解词句；（3）以图进行作文，表情达意，如绘画日记、故事画等。

（三）抓好三个要领。

（1）看说结合，训练说话的规范性；（2）读说结合，训练说话的条理性；（3）听说结合，训练说话的准确性。

四、实施步骤

（一）准备阶段。

制订方案，学习与实验有关的教育理论。

（二）实施阶段。

1. 确定实验班，进行有关前测，付诸实践。

2. 不断总结，改进实验方案，扩大试验范围。

3. 进行后测，反馈实验情况，推进实验进程。

（三）总结阶段。

整理总结，并撰写实验报告。

（原载《求索》1997 年 7 月）

小学高年级画写联姻的实践与思考

一、问题提出的背景

学校是一所苏南农村美术特色学校,多数学生对绘画有着浓厚的兴趣,然而作文却是老大难,知识的不足、思维的阻碍,咬笔头现象屡见不鲜。究其成因,一是不注意观察积累,无物可写。学生怕写作文,写不出作文,在很大程度上是由于缺乏对生活的观察,没有积累的习惯和写作的兴趣。二是教师重形式和技能,忽视积累素材的指导。作文教学形式跟实际生活不切合,忽视如何把学生的视野引向身边的生活、引向社会,从生活中得到感受和启发。三是内容思想要求过高,成了"千篇一律"。教师总是过高地看重作文内容的思想性。当然,助人为乐、拾金不昧等有意义的好人好事自然可以引导学生去写,但是学生没有那么多的生活体验,没有那么多的生活题材可以挖掘,对内容思想要求过高扼杀了学生的创造性和主动性。如何帮助他们突破难关,疏通思路,焕发出如绘画一样的作文兴趣呢?能否发挥美术特色,实施画写联姻,在小学作文与绘画之间架起一座桥,为学生的作文和绘画能力的协调发展,为审美与创新意识的培养走出一条行之有效的道路呢?

二、画写联姻的实践

画写联姻的基本构架是"兴趣引路——画写联姻——成功激励"。前者是动力,中者是基础,后者是归宿。层层递进,使学生迈向成功的彼岸。

1. 兴趣引路。

兴趣是影响学习积极性和自觉性的最直接的因素,是一切有成效活动的先决条件。针对小学生对易变化的事物特别感兴趣的实际,我着重从以下两方面入手。

(1) 书画趣闻。

趣闻故事性强富有情节，容易满足小学生的"听故事"需要。我所选择的趣闻均是书画方面的。如古代的"神笔马良"为民除害惩恶扬善；现代的儿童团员用"一画巧救游击队员"的机智勇敢无畏坚强；中国的"唐伯虎赛画"后不甘示弱奋发向上；外国的"达·芬奇画蛋"的勤学苦练潜心钻研。乃至"深山藏古寺"、"踏花归来马蹄香"等诗画趣闻，无不令小学生屏息凝听，情绪高涨，甚至跃跃欲试。

（2）日记一画。

人们常说风景如诗如画，语言与绘画是抒发情怀的最好表现方式，日记画是两者完美的结合。而日记一画，就是以这种文字与画面的方式每日一记。开始，我在课上集中指导，鼓励学生课余进行练习。其内容很多，听到的看到的想到的；喜怒哀乐的；酸甜苦辣的……都可以入画，文字可写在画里，也可写在画的下面。由于"日记一画"一改以前日记形式，活泼有趣，学生随时随地信手涂抹，愉悦身心，其效应经久不衰。

2. 画写联姻。

小学生作文假大空的主要原因是言之无物、无序、无情。而画写联姻，则以新的形式再现生活情景，变无物为有物，变无序为有序，变无情为有情。

（1）日记画，指导于"无物"时。

我们常用"巧妇难为无米之炊"寓意小学生笔下"无物"难以动笔。运用日记画这一源源活水则有利于解决难题。如教学第九册中的"学写表扬稿"时，开始请学生回忆"班上有哪些好人好事"时仅有几位能说出来，内容仅局限班内的"补课"一类。我就依次展示三幅真实的日记画：王芳收到拾主主动交还的五十元就餐费；大扫除时中队长带领队员帮助擦办公室；李斌帮助小同学修自行车。然后引导按"总述——好人好事经过——表扬的意义"点拨说写。目的明确，事情实在，学生有话可说，有米可炊，极好地达到了表扬稿的要求。

（2）剪贴画，指导于"无序"时。

剪贴画是指把精选的图画、图片、文字等材料剪下来并按一定顺序贴在空白处。它对学生有序作文起着一定的作用。如教学"描写一处建筑物",我用剪贴方式把游览过的"八圻大桥"再现在黑板上,先贴"引桥",再贴"正桥",最后贴"凭栏远眺"。指导写"正桥"部分时,按整体到局部的顺序,边说边贴,依次图示"空中环形桥梁"、"宽阔桥面"、"运河流水"。"议一议"时,让学生看着图按一定的观察顺序说出形状、颜色、特点,恰当用上比喻,如"大桥犹如一条巨龙横跨在大运河两岸"、"彩虹似的桥梁高挂在半空"、"大运河像一条白绸带飘过桥底,飘向远方"。结果,大多人写得轻松、具体、有序。

剪贴画可用于状物类作文教学,还可用于记事类作文,如特级教师贾志敏指导《救救青蛙》时,贴画了"天热、一元钱、青蛙"这三个图文相关的事物,引出事情的起因——天热我要一元钱买冷饮;经过——发现青蛙,买青蛙放掉;结果——没吃到冷饮但受到妈妈夸奖。学生理清层次,活跃思维,有序表达,较好地实现记事的目的。

(3) 人物画,指导于"无情"时。

这里所讲的人物画就是把当事人某个情景中的一举一动、一颦一笑的细节出神入化地画下来。由于人是有感情的,所画的人物也同样具有感情色彩,具有某种精神与风貌,教师抓住契机,引导学生画说议写,变"无情"为"有情",从而写出有血有肉,打动读者的作文。如:教学第十二册《我心爱的××》,我先让学生画一画"我心爱的××"的一个剪影,如有的画了包扎小豚鼠;有的画收到生日礼物;有的画浇水仙花;有的画买孙悟空面塑……接着引导学生讨论补充,丰富画面的前因后果,如对小豚鼠的心爱还体现在哪个场景上?怎么来到我家?包扎后还做了什么?怎么想的?把一个个问题的有关情景在头脑中过电影。一堂课下来,全班三分之二的学生已完成习作。如有的写道:星期天的下午,我照常去给小豚鼠喂草,可当它站起来的时候,脚被旁边的小刀片划了一下,殷红的鲜血顺着流了出来。我一下愣住了,连忙撒下青草,抱起小豚鼠小心翼翼地抚着它的伤口，直冲房间，给它擦血、涂药、包纱布。一会儿，小豚鼠静静地躺在我的怀里，那双宝石般的眼睛湿湿的，好像在说："小主人，谢谢你，我不疼了！"以人物画作凭借，化画为文，为再次表现情怀作了有效的铺垫。

需要注意的是画写联姻的形式除了以上的日记画、剪贴画、人物画外，还有想象画、素描画、简笔画等。画写联姻的契机除了以上的无物时、无序时、无情时以外，还可用于具体的点上的指导，如指导学生写荷花的状态，可从"抓住特点"这点上引导，不妨用简笔画形式勾出"花骨朵、饱胀欲裂、盛开"等形态，直观形象，特点明了。而指导面上无物、无序、无情的作文，也不是唯"日记画"、"剪贴画"、"人物画"才恰当，也可用"故事画"、"素描画"等形式示意出来。形式的多样、时间的把握、内容的丰富，决定画写联姻的灵活性。只有合理辅助，才能真正达到简便、灵活、实效的境界。

3. 成功激励。

（1）批改激励。

关注学生的点滴进步，发现其闪光点、成功处，及时在眉批、总批等栏目中，相机画上大拇指（真棒）、五角星（与众不同，有新意）、圆圆笑脸（写得妙，读了真高兴）等图画，风趣活泼。小学生喜传阅爱体会，这种方式十分受青睐，甚至引起学生大胆模仿和创造，起到"引得渔郎问迷津"的效果。

（2）编辑激励。

让学生编辑学习园地、手写报、作文集，既当文字编辑又当美术编辑，感受成功的喜悦。如作文集，期初，教师提出目标："认真作文，爱护本子，编辑自己的作文集"。平时，内页按"目录——作文——评语"篇篇推进。期末，在外页画上喜爱的封面，题书名、署名、"出版社"；在书前或书后写上"前言"或"编后语"。至此，一本本新作就呈现在大家眼前了："童年出版社"的《诗意的童年》、"希望出版社"的《花季》、"二十一世纪出版社"的《星星》、"和平出版社"的《白猫警长》……翻开前言，有的这样写道:"我用双手捧一束鲜花,献给我敬爱的父母、老师和同学,它虽然有些稚嫩但是真情采撷编织的。它将永不枯萎,永远珍藏在我金色的童年,并渐渐散发着阵阵诗意的清香……"

三、画写联姻的思考

1. 顺应了小学生年龄特点和心理发展。小学生处于 6 至 12 岁的年龄,认识事物是从形象到抽象,从感性到理性,从低级到高级的。画写联姻正是顺应他们认识思维等规律,在形象性的绘画与抽象性的文字符号之间架起桥梁,唤起思维,丰富想象,在头脑中筛选、组合、深化和发展,帮助学生获得作文素材,理清条理,激发情感,促使其有物、有序、有情地作文。

2. 满足了小学生的成就欲。小学生渴望成功,有强烈的实现自我价值的需要。日记画、剪贴画等绘画形式,信手拈来,轻快便捷,为爱好画画的孩子提供了舞台。画写联姻又保护了学生的好奇心和自信心,促进了绘画和作文能力的发展,实现了"1+1>2"的效果,作文和编辑的成功,满足了小学生的需要,并使其真切地体会到成功的快乐。

3. 促进了小学生作文个性化。目前,作文的成人化现象冲击并阻碍了学生作文个性的发展。而画写联姻以大作文教学观,构起作文与绘画的桥梁,激发学生作文兴趣,让小学生我手绘我心,我笔写我心,童言无忌,童心鲜明,富有个性。

4. 培养了学生的创新精神和实践能力。画写联姻,以剪剪、贴贴、画画、议议、写写的新颖手法,解放了学生的眼耳脑口手,使他们充分自主地动起来,促进了实践活动能力的提高。

画写联姻在小学作文与绘画之间架起了一座桥,为学生的作文和绘画能力的和谐协调发展、审美与创新意识的培养走出一条行之有效的道路。

(原载《苏州教育》2001 年第 5 期)

小学语文课堂提问"有效性"的观察报告
——以《江雪》一课为例

一、教师课堂提问有效性观察汇总表

序号	教师提问原话	呈现形式			指向		问题层次			问题效度		
		口头	投影	其他	清晰	模糊	主干	枝叶	提示	有效	低效	无效
1	从这个题目,你能猜想这首诗要写什么呢?	√			√		√			√		
2	预习了,现在你能正确流利地朗读这首诗吗?	√			√		√			√		
3	现在你还有没有什么词语是不能理解的呢?	√			√		√				√	
4	第一第二行诗的意思,这儿有一种说法,这样说诗句的意思好不好?	√			√				√	√		
5	"蓑笠翁"这三个字很有意思,请你注意老师圈出的部首,你对这三个字有什么想法?		√	√					√	√		
6	现在能说说第三、第四行诗的意思吗?	√			√			√		√		
7	(两人接力说诗意)有没有遇到困难?	√				√			√	√		
8	每一行诗都抓住了哪些细节暗暗写了雪呢?请你把它找出来,并说说理由。		√		√		√			√		
9	学到这,同学们对古诗内容还有没有疑惑呢?	√			√			√	√			

10	为什么这么寒冷的天,渔翁还要出来钓鱼呢?你能猜猜看吗?	√			√		√		√		
11	这首诗的作者是谁?柳宗元为什么在这首诗里安排这样一个渔翁?为什么要安排他冬天出来垂钓呢?请听"柳宗元和《江雪》"。	√				√	√				√
12	听了这个故事,你对这首诗有什么新的发现吗?你知道作者想借这首诗表达自己内心的什么感受?	√			√		√		√		
13	作者还想要借这个冒着大雪在寒冷江面上钓鱼的渔翁表达什么呢?思考一下。		√		√		√		√		
14	古时候,诗人都是把诗谱成曲,然后进行吟唱的,想听听《江雪》是怎么吟唱的吗?	√			√			√			√
15	老师这有两首诗,写的都是钓鱼,课后比较一下,这里的渔翁和柳宗元笔下的有什么不同。	√			√		√			√	
	合计	12	2	1	13	2	7	4	4	10	3	2
	所占比例	80%	14%	6%	87%	13%	46%	27%	27%	67%	20%	13%

二、教师课堂提问有效性的分析

教师一共提问15个问题,从"呈现形式"看,12个是口头提问的,占80%,两个主干问题是投影提问的,占14%,并且是有效的,1个突破难点的问题(序号5)是用圈画的形式辅助提问的,也是有效的。从"指向"上看,清晰的问题有13个,其中10个是有效的,两个问题指向模糊,效果是低效的或者无效的。"序号7(两人接力说诗意)有没有遇到困难"这问题,是辅导同桌两人说出第三、四句的诗意时候所问的,旨在引出"倒置"的方法。"序号11,这首诗的作者是谁?柳宗元为什么在这首诗里安排这样一个渔翁?为什么要安排他冬天出来垂钓呢"带出一连串问题的信息,旨在引出请听"柳宗元和《江雪》"的古诗,没有思考的价值,是无效的。从"问题层次"上看,占46%的主干问题有7个,"序号1,从这个题目,你能猜想这首诗要写什么呢"的问题统领全课,有一定的开放性。"序号2,预习了,现在你能正确流利地朗读这首诗吗",是指导学生正确流利朗读古诗的主干问题,从效果来看,学生读的是比较有效果的。"序号8,每一行诗都抓住了哪些细节暗暗写了雪呢"设计得特别好,以小组合作的方式探究,铺垫了学生理解诗意,感悟诗技。"序号13,作者还想要借这个冒着大雪在寒冷江面上钓鱼的渔翁表达什么呢"设计紧扣目标三,是达成感悟诗情的有价值的问题,以上三个主干问题是有效的。占27%的枝叶问题有4个,有效的两个,是分解两次说诗意和猜想渔翁为什么冬天还来钓鱼,问题有坡度,切合学生阅读猜测的兴趣。占27%的提示问题4个中有3个是有效的,可以看出,教师提问是有必要加友情提示、指导和点拨,这样学生才能"跳一跳,摘到桃"。从"问题效度"看,67%的问题是有效的,是主干的问题,是教学目标达成的必须解决的问题,起到牵一发而动全身的效果。20%的问题是低效的,提问的角度、信息的呈现不清楚。13%的问题是无效的,可提可不提的问题一般不要提,即使是过渡性的,也要尽量减少问题信息的干扰,言简意赅为上策。

三、教师课堂提问有效性的建议

问题有"启发性",适宜大而多角度。在学生疏通字词、读懂诗意的基础上,老师设计了这样的问题:"每一行诗都抓住了哪些细节暗暗写了雪呢?"在这个自主探究的环节中,小组规范的设定、组织几号发言,都力求让每一个学生参与到课堂中,让学生学会在群体中发言和倾听。在探究结束后,又指导学生进行想象朗读,体会诗意,为体悟诗情作铺垫,促进了学生个性化的感悟,发散了学生的思维,培养了学生探究的能力。

问题有"穿透力",适宜自主参与探究。设计"穿透力"较强的探究性的话题,有利于调动学生思维的积极性,以唤起他们更高的兴趣,最终达到提高阅读能力和思维水平的目的。如《江雪》这首诗,如果不了解柳宗元,不结合当时的写作背景,学生就很难真正体会诗人那种凄清孤寂而又冷傲的心境。老师给学生推荐了柳宗元的背景资料后,设计了这样的话题让学生思考:作者还想要借这个冒着大雪在寒冷江面上钓鱼的渔翁表达什么呢?诗人心中的寒冷、孤独、坚毅、坚强不屈……至此,学生的认识不仅走向了深入,而且更加丰富了,甚至是教学参考书所难以企及的。这"穿透力"较强的探究性的话题,引导学生参与阅读,深化学生对问题的思考,升华学生的思维,拓展学生的思路,让学生读出了自己的见解,读出了自己的思考,提高了思维水平,这正是"主动型"阅读教学所追求的。

问题有"空白度",适宜多元理解与表达。每一篇文章都是一种开放的"召唤式"结构,其蕴含的空白本身就具有多解性。《江雪》也不例外,在学生体会到柳宗元的形象之后,吴老师如果抓住柳宗元的"内心世界"这一多解性的空白点,设计这样的话题:"假如你就是柳宗元,有话要对谁说,说些什么呢?"这可能会给学生多种转换角色的机会,促使学生走出"学生角色",走进文本,最大限度地缩小与课本的情感距离、心理距离,大胆发表带有个人认识和个人情感的理解、体会和意见,把自己的创造性思维用规范、清晰的语言表达出来,做到"知无不言,言无不尽",实现语言读写的链接。

(原载《苏州教育研究与实践》2012年1~2月)

学法指导：让学生亲历由"鱼"获"渔"的历程
——小学阅读教学"学法指导"策略例谈

小学阅读教学中学法指导是指教师在小学阅读教学中指导学生掌握阅读的具体方法，并在特定的学习情景中能够选择合适的方法进行有效的迁移与运用，促使学生掌握朗读、默读、浏览、复述、背诵、质疑、预习等阅读方法。

目前，小学阅读教学中学法指导主要存在着"四重四轻"的现象。一是重知识，轻能力。受传统的应试教育的影响，阅读教学忽视学生自身发展的规律和原则，片面强调知识的灌输和技能的操练，把生动的课文肢解为知识的拼盘，零敲碎打，死记硬背。二是重教法，轻学法。知识本位观和智力本位观仍不同程度地影响着阅读教学，教学方法虽开始重视激发学生思考但仍偏重讲述，不同程度上还存在着"教师死教书，教死书；学生读死书，死读书"的现象。三是重陈式，轻变式。随着教育教学改革的深入发展及国外一些先进教学理论的引进，好多经验丰富的教师总结出了具有鲜明个性特色和行之有效的课堂教学结构模式，于是形成了较为固定的某某法和某某式。这对推进课堂教学改革、提高课堂教学质量起到了一定的促进作用。但是我们应该看到，当某一教学结构固化成一种模式，形成"法"和"式"的时候，就很有可能步入形式主义的怪圈。而课堂教学是个多元的开放的天地，我们不能用封闭的形式制约开放的内容，用僵化的结构制约变化的学生。四是重传授，轻迁移。学生在学习之门面前感到惘然，影响了学习的信心和热情。因此，在阅读教学中要重视对学生进行学法的指导，使学生在自主运用学法的过程中拥有一把智慧的金钥匙，真正体验学习的快乐和成功。

一、尊重主体，营造良好的生态环境

要使学生学会学习，首先要转变师生关系，教师要进入"教师＋家长

+朋友+学生"的角色，具有严格要求、亲情关怀、平等沟通、教学相长的能力。既尊重学生的人格、权利、思维、自身的发展，又宽容对待错误，在教学目标的确定、教学活动的安排中尊重学生主体，与学生交流沟通，彼此信任、合作。如教学《爱因斯坦与小女孩》。

师：生字读正确了，放在课文中能读吗？我们四组分别分四个段落来读，比一比谁读得正确流利。

（生第一组读第1～3自然段）

师：他们读后，同学们想说点什么？

生：这组有人把"一个12岁的小姑娘边走边玩，一下撞上了迎面而来的一位老人"中的"上"念成"到"了。

师：给他们一次改正的机会，能读好吗？

（生再读，正确流利）

……

师：一共有两次错误，现在改进了得满分。请第二组读第2段。

……

师：同学们，课文读完了。知道怎样才算把课文读得正确流畅呢？

生：不读错字，不颠倒读。

生：注意不漏读，断句停顿清楚。

生：还要不回读。

师：是啊，我们平时一定要养成这种良好的读书习惯。那么，为什么要求这样分段朗读呢？请大家拿出笔，画出这四个段落的第一句话，再想想。

生：这四段是按照时间顺序来写的。

师：从哪些表示时间的词语看出来？

生：1940年的一天下午、第二天、第三天下午、一天。

师：这四个时间的词语分别暗示了四件事情，想想是哪四件？能用上四个带有"相"的词语概括吗？

生：第1段，相撞；第2段，相遇；第3段，相邀；第4段，相处。

师：请连起来概括课文内容。

生：课文主要讲了1940年的一天下午，爱因斯坦与一个小女孩偶然相撞，第二次相遇时小女孩教他穿着，第三天爱因斯坦相邀小女孩学习整理工作室，最后和谐相处的事。

生：课文主要讲了爱因斯坦与一个小女孩从偶然相撞并相邀、相处亲密的生活小事。

教师注重营造良好的氛围，训练学生概括课文主要内容时，在学生整体朗读和理清课文思路的基础上，引导学生按照时间顺序，围绕四件事情，用上已经概括的词语有条理地说话，比较有层次，比较有语言的张力，针对学生学习现状，激励学生"跳一跳，摘到桃"，激发了学生的学习兴趣，促进了课堂教学逐渐走向其乐融融的良好境界。

二、示范指导，训练和运用学习方法

在教学环节中渗透学习方法，是对学生进行学法指导的一条最常用、最有效的途径，既传授语文知识，又指导学习方法、训练语文能力。实际中，要做到四个强化：一是强化学习状态的激活。教师自始至终保持良好的教学情绪与状态，同时激发学生保持良好的注意和动机。二是强化学习情景的分析。教师要分析教学内容、方法与风格，也要引导学生分析学什么、怎么学、如何依据自己来学习等。三是强化学习方法的示范。教师要围绕某一学习方法，结合某一学习的知识点充分展示思维过程，作好示范，启发学生，明确学法运用的基本程式。四是强化巩固运用。教师有针对性地引导学生，举一反三，触类旁通，不断解决新的问题。如教学《烟台的海》。

（一）引导读悟"一"——学习第二自然段。

师：让我们跟随作者走近那烟台的海，感受冬的"凝重"与"壮观"。用你自己喜欢的方式读第2自然段，想想你从哪些词句读到了？

生：我从"来自西伯利亚的寒流经常气势汹汹地掠过这片海域……有

时竟把岸边数百斤重的石凳掀到十几米远的马路中央"读到。(出示句子)

生:我从"气势汹汹""像千万头狮子"这些词句体会到海浪的汹涌。(生读)

生:我从"扑向""溅起""发出""掀起"这些动词感受到海浪的力量。(生读相关句子)

师:说得好,读得也好。文中有好几个表示数量的词语,找一找读一读,你又体会到什么?

生:有"千万头、数丈高、数百斤重、十几米远"。

生:我从这些数字感受到海浪的力量大、速度快、声音响和来势猛。

师:"数丈高"、"雷鸣般"是从形态和声响两个方面,显示海浪的声势浩大,让人觉得巨浪涌来,巨响充斥着我们的双耳,让读者身临其境。一起看看文中插图,你想用哪些词语来形容它?

……

师:读完第2自然段,请你说说学习这一自然段的方法或步骤。

生:先读这一自然段内容,再抓住关键词句体会季节的特点和人们的表现,最后通过朗读表现这种感受。

师:请同学们用"一读课文,二谈季节特点和人们表现,三表达体验感受"的方法来学习第3~5自然段。先选择自己喜欢的段落读一读,再边读边思考,用笔圈出关键词句,体会和朗读出特点与感受。

(二)自主探究"三"——学习第3~5自然段。

1. 春天烟台的海和人。

生1:作者将烟台的海比作"顽皮的孩子",形象地表现了烟台的海"轻盈"的特点。

生2:我从"嬉笑、追逐、奔向、触摸、退、扑"等动词,感到烟台海的轻快、活泼、顽皮,也就是"轻盈"。

生3:从"剥下希望的种苗""期待收获的季节"中,我仿佛看到烟台人勤劳繁忙的情景和生气勃勃的幸福生活。

2. 夏天烟台的海和人。

生1：作者把海比作"恬静温柔的少女"，形象地表现了海的水平如镜。

生2："清晨，太阳像被水冲洗过的红色气球……每一次的海边日出，都使人如痴如醉"，写出了海的浪漫可爱。特别是"浮出海面、拖着长长的倒影"，显得诗情画意。

生3：不仅早晨，傍晚也很浪漫。傍晚，"倒映着万家灯火"，游人的脚下是"海浪与堤岸的呢喃细语"，人海相依，格外浪漫。

3. 秋天烟台的海和人

生1：这段有三句话，第一句抓住"高远"的特点，第二句通过人的体验说明"高远"，第三句写了渔民紧张而忙碌的生活。

生2："格外高远、格外明朗"让人感觉秋的天高、海阔、凉意、清爽。

生3：烟台的人，"渔家驾船出海"、"货轮起锚远航"……说明渔民们开始忙碌的生活，看出人们很勤劳能干。

师：省略号省略了什么？能补充吗？

生：渔网洒落海面、厂家加工着各类海洋食品……（有感情地朗读）

教学中，教师首先创设游览角色，以良好的教学氛围激发学生学习的情趣。然后，示范引导学生围绕"想想你从哪些词句读到春天的烟台的壮观"示范了"一"的学法——"一读课文，二谈季节特点和人们表现，三表达体验感受"来学习第2自然段。接着，以这种学法的步骤，抓住"三"，进行迁移运用，即自主选择学习第3、4、5自然段。这样不仅引导学生把握规律性的东西，促进学生掌握学习方法，节省教学时间，提高课堂效率，而且有利于大面积训练学生的朗读和思考能力，培养他们自主阅读的良好习惯。课文2～5自然段，是按照"冬春夏秋"的顺序组织材料，先写"景"，再写"人"。而烟台海的冬的凝重所花笔墨多，在寒气袭来时，最为壮观，最让人惊心动魄，最具魅力和感染力，写得最生动形象，最富有代表性。所以，教学这四个自然段，教师不能平均用力，适宜将第2自然段作为"一"来精心处理，定位在指导学法上；而将第3～5自然段作为"三"

来处理，定位在运用"一"的方法，来自主学习，在学生自主选择学习内容、自主交流学习的感悟和朗读点拨之中，达到举一反三，触类旁通，不断解决新问题的效果。

三、专题辅导，系统传授语文学习方法

以专题辅导的形式，对学生进行学法指导也是一种重要的策略。我们专题活动的组织者较多样，教师、专家、家长、学生自己均可尝试。专题活动的目标在于矫正，如心理老师针对学生被动学习的现状，开展了《做学习的主人》的专题活动，通过"学习记忆操、现场调查、被动学习和主动学习的比较、交流学习方法"等环节，为学生搭建自主平台。专题活动的方式较多样，如讲授式、自述式、讨论式、活动式、情景式等。在学科活动中专门讲授学法指导，教给学生预习、听课、练习、复习等方法。又如我们在高年级尝试了预习课文的方法——"一读课文、二理解词语、三理清脉络与分段、四提出有价值的问题并回答"。活动以来，学生的学习方法得到巩固，预习能力得到了加强，良好的学习习惯得到养成。

学法指导的策略是多样的，不仅仅是尊重主体、示范指导、专题辅导等几种，只有遵循教学规律和学生学习心理，才能使学生真正掌握学习的方法，拥有一把学习语文的智慧的金钥匙。

"小报作文"有效性的实践与探索
——参加管建刚"名师工作室"小报作文实验浅谈

"小报作文"是一种项目研究，以小报为平台，以生活为依托，以评价为切入点，以成功作文为归宿，一改重教师指导轻学生生活、重作文技巧轻教学思想的旧做法。为此，我参加了管老师的作文实验，在小学高年级作文教学中积极探索，认真实践"小报作文"的有效性评价。

一、重构"小报作文"体系，优化作文平台

作文是一个过程，也是一个体系，它涉及很多因素，如作文思想、生活素材、审题选题、课堂指导、训练修改、发表评价等，而这些因素又相互制约，同生互长。因此，立足主体，回归自然与生活来重构作文体系是十分重要的问题。"小报作文"是本班学生自己的报纸，作文来源于学生生活，融作者读者编者于一体，为学生"畅其心扉，抒其心志"搭起了一条绿色通道。实践中，教师站在作文思想的高度，以"记录素材（每日简评）——选材习作（每周一评）——修改发表——周报评价——反馈激励"为流程，视学生生活为作文源泉，视学生自由表达为作文境界。一般要取消"大""小"作文，甚至可以取消"大""小"作文的备课，增设"素材、稿件本"（即每日简评、每周一评）和"班级作文周报"活动本。对于"大作文"我没有取消，觉得应该小心翼翼比较好，怕对自己的作文实验有不当之处，甚至引起不必要的看法。而后者的"素材、稿件本"、"班级作文周报"活动，我则积极组织与参与。一般周一至周五是"积累素材"，周六周日是写稿件，它来源于前者的素材；"班级作文周报"活动本，主要用于每周一的"周报活动课"上的训练。这一作文过程的重构充分尊重学生，引发学生作文自主性和能动性，为良性的作文实验提供了有力的保障。

二、积累"小报作文"素材，优化稿件批改

"小报作文"重在优化积累，我主要帮助学生发现素材，即充分引导学

生周一至周五选好写好素材。开始我提供了每日简评的范例，第一行写年月日、星期、天气和心情指数；第二行写今天观察到的主要素材，50字左右。第二天批改，主要评价是否真实和认真，对积累素材质量高的以五星数量来区分；对于态度认真的以画苹果来评价。批阅时，我提倡阅读性对话。若发现错别字，圈出，要求学生订正。一段时间后，我发现学生有疲乏感，又想出了以画苹果来区分字迹态度等等，对于两次未得到者就要求重做。我每周出版一期"班级作文周报"。每期周报发表学生习作16篇左右。本学期去掉黄金周等时间，编辑了14期。每期"周报"有4个页面，每个页面要制作成独立页面。每期周报均有"报头"、"期数"、"出版日期"、"上期佳作"等。当学生发表、获奖及班级语文活动的时候，则发表相关的"语文信息"。随着"周报"正常出版，我还利用"页眉页脚"刊发学生自己创作的"名言佳句"，每期刊发学生的"名言佳句"4则。每周从班级作文周报中，选出佳作5篇以上，稍作修改，向报刊社投稿。教师要多投稿，投好稿，它虽然要花费教师大量的时间，但是推荐优秀作文是成功作文的基础，我比较认真对待，一般向《吴江日报》《苏州日报》《百家作文指导》《少年文艺》等刊物推荐。

三、凭借"小报作文"活动，优化片段训练

学生是在活动中成长的，学生的作文素质是在作文活动中提高的。"小报作文"评价是训练作文的主要途径。实验的关键在于寻找适合学生作文现状的训练点。从学生的哪篇文章的哪个点引出来的，训练过程是什么，这需要教师去发现和设计。有的作文长于人物对话；有的作文长于环境描写；有的作文长于内心刻画；有的作文长于抓住特点。诸如此类，教师需要用心编辑、精心"备课"、留心训练。如在第9期里，我发现一篇写请教老师的作文很有"特点"——真切刻画内心。我把它发表出来，在讲评课上引导学生加以训练，其训练点就是"真实刻画人物的内心"。

先看一段原文：

> 我刚走了不到五步，就好像被一只手拉了回来。哎，到底去不去？总不能跟妈妈说数学老师蒸发了吧。"问"和"不问"好像两个无知的小孩，你一言我一语地争了起来。"问"说："你不会就问呗！你不问怎么向你妈妈交代，总不能说你今天变成哑巴了吧！""不问"也不罢休："问，问，问，问什么问！老师天天批作业烦都烦死了，你还去烦她，老师肯定讨厌死了！"这时，一个声音仿佛在我耳边响起："学问学问，学学问问，不会就问，只要你肯迈出请教的第一步，就肯迈出第二步、第三步……"是啊，我以前还在黑板上写过一句鼓励同学请教的话呢，怎么现在自己打退堂鼓了呢？

师（出示片段后）：读一读，在描写上你明白了什么？

生1：作者在描写人物内心时，展开了丰富的想象，把自己的内心思想斗争，想象成两个小孩在争论一样，一个是"问"，一个是"不问"。

生2：而且写出了自己内心感受的变化。先是"好像被一只手拉了回来"，显得紧张；再是像两个小孩在争论，显得进退两难；最后是"怎么现在自己打退堂鼓呢"，最后才拿定了主意。

生3：这样描写很真实，刻画出了自己内心的感受与变化。

师：这里有两篇简评，11月11日写的。姚诗怡的《我拿了同桌的信息书》和刘亦平的《请您原谅我》。想想：怎样把内心的感受写生动具体？

生1：姚诗怡的作文省略了不安地面对同桌朱寅啸时候的想法和语言。

生（姚诗怡）：在发现自己拿错书时，我可以这样描写内心："还"还是"不还"？我心里乱极了。"还"说："还，不还怎么对得起你的同桌朱寅啸？""不还"说："这是秘密，当然不还了。""还"坚持说："只有还了，才对得起'友爱'两字。""不还"不甘示弱地说："不还！否则，同桌要说你的！"我只好拿起信息书塞进了自己的书包。

生2：刘亦平的《请您原谅我》，应该写出买毽子前后内心的变化。

生（刘亦平）：开头——那件拿压岁钱的事情一直压在我的心头，让我喘不过气来。中间——"说"还是"不说"？算了吧，反正妈妈没有发现呀！结尾——那买来的毽子一直像巨石一样压在我的心头，让我久久不安！

修改是作文的重要环节，但必须针对实际进行指导，体现真实性和有效性。《请教》一文的内心描写是真实的，特别在刻画内心活动上见长。教师以《请教》为例，引导大家发现《请您原谅我》和《我拿了同桌的信息书》的不足，激励学生感悟内心刻画（例如通过内心思想的斗争，想象两个孩子在争论）、训练描写、实施评价、修改提高，从而达到训练刻画人物内心活动的要求，使作文评价的真实性与鉴赏性得到有效的统一！

四、成就"小报作文"细节，优化梯阶激励

按照管老师的做法，我也给"小报"取名——"五（3）班作文评价周报"，并且刻制了"《评价周报》编辑部""初选录用""终选录用"等图章，同时准备了100张"刊用纪念卡"、100张"作文新苗卡"、100张"作文能手卡"、50张"班级诺贝尔文学卡"等。学生在《周报》上发表一篇作文就奖励一张"刊用纪念卡"；每获得三张"刊用纪念卡"，就获得"一张作文新苗卡"；三张"作文新苗卡"就换得一张"作文能手卡"；每获得三张"作文能手卡"换得一张"班级诺贝尔文学卡"。获得"班级诺贝尔文学卡"就奖励一个专版。这种阶梯式的评价奖励有利于激发学生"像青蛙跳跃"一样，在不断实现一个个小目标中达到提高作文水平的目的。

其次，学期末进行一次"我的书"装帧大赛；每学年进行一次"我的报"装帧大赛，分别评出十佳优胜者。书以"封面——目录——每日简评——编后语"格式推进；报以"封面——目录——每期周报——编后语"格式推进，鼓励创新"书名""报名""编后语""出版社"。另外，我还分别评出了5位优秀创意奖，以激励更多层次的学生，展示个性，抒发自我，从而提高学生的成就感，满足学生的编辑欲和发表欲。"小报作文"的实验正逐渐为作文教学走出一条健康持续发展的有效之路！

改变作文流程，拓展作文天地

"作文教学既要培养学生用词造句、连句成段、连段成篇的能力，又要培养学生观察事物、分析事物的能力"。这里明确提出作文教学要培养两种能力——观察与分析事物的认识能力和用词造句布局谋篇的表达能力。这两种能力成为语文教师进行作文教学不可分割的两个部分。

然而，传统的作文教学只注重表达能力这一部分。它往往是教师命题——教师指导——学生写作——教师批改——教师讲评。这个作文流程基本上是教师的单向活动，仅局限于教师抽象的指导，较难开拓学生的思路、激起学生表达的情感，阻碍了学生作文的主动性和积极性。

因此，为了实现小学作文教学过程的优化，我们改革传统的作文流程，即以学生认识规律（由感性到理性）和学生作文规律（由内容到形式）为依据，以强化训练为主导，以自主作文为凭借，以多向交流为手段，构成"课堂学习——课外体验——课堂指导——总结提高"的作文流程。

一、课堂学习，读写结合

阅读是写作的基础，不会阅读就不会写作，因此加强阅读是极为重要的。通过阅读，学生知道作者写了什么、怎样写，从而吸取文中"营养"，增强自己写作的造血功能。在实际中，我们主要做到"两个抓"。一抓训练重点，以读促写。只有紧扣训练重点进行阅读，才会读有成效，写有方法。如教学《给颜黎明的信》一文时，通过比较的方法，让学生分辨哪些是主要内容，哪些是次要内容，从而明白什么叫主要，什么叫次要，主要和次要有什么联系，在作文时如何安排主要的和次要的。这样在读中紧扣训练重点，使学生找到提高阅读和写作能力的途径。二抓练笔，以写促读。注重例文引路，发挥"习作例文"的拐杖作用。如教学《小松鼠》一文以后，指导学生写一写自己喜欢的小动物，在写的过程中，有的遇到困难，只好打开课本，再读例文，看课文是怎样抓住松鼠的特点来写的，从中得到启发，写出比较理想的作文来。

二、课外体验，积累素材

生活是写作的源泉，"学生的作文离不开生活，要设法让学生去寻找作文的源头，有了源头，才会不断倾泻出真实的文思之水来。"（叶圣陶语）在作文教学中，我们引发学生自主参与活动，体验课内外生活，不断积累作文素材。

1. 家庭生活。我们鼓励学生参与家务劳动，学习劳动本领，自己的事情自己做。如利用"三八""五一""六一"等节日为家长做一件实事，学当小主人。

2. 开展活动。结合班队、主题等活动，引导学生探索大自然的奥秘，启发学生自己动脑动手，做小实验、搞小制作、编手抄报等，以获得实践的真知和角色的体验。

3. 培养爱好。开辟"星期六艺校"、兴趣小组等途径，给学生创造条件，展示自己的特长，表现自己的爱好，为他们提供机会。有了各种各样的爱好和活动，也就有了丰富多彩的作文素材。

三、课堂指导，构思表达

我们的作文指导在于引导学生打开作文思路，变"单向思维"为"多向思维"。引导学生构思表达分三步走：一是学生课堂交流。即根据作文要求，把课前获得的感性材料，通过"说"（口头表达），或"做"（动手操作、演示），或"议"（学生讨论，各抒己见），使学生从不同角度、不同侧面观察、分析事物，提高多向思维能力，初步解决怎样去写的问题。二是教师课堂指导，进行信息加工。即教师对学生获得的感性材料进行总结，引导学生"审"（审清题意）、"立"（明确中心）、"列"（列出提纲）、"选"（筛选感性材料），使学生有比较成熟的写作思路。三是学生根据已定的中心、列出的提纲、筛选的材料，进行写作成文，并且修改和润色。

四、评讲反馈，总结提高

作文讲评是学生成功进步的阶梯。在批改中，我们一发现优秀作文以及精彩片断，就在班上有感情地朗读给学生听。平时，还办"作文园地"，让学生欣赏品味；向报纸杂志推荐，使优秀作文在课后继续发挥作用。在评价优秀作文以外，还从较差的作文中发现可取之处，充满感情地向大家展示点滴成功，调动他们的积极性，激发他们作文的兴趣。

近年来，不少学生的佳作刊登在《小学语文报》、《小学生作文》等报刊上，有的入选《作文大观园》等书，还有的在全国作文比赛中获奖。新的作文流程，逐渐使学生尝到作文的甜头，走进一个广阔的作文天地。

创民主型课堂，做民主型教师
——"如何在课堂教学中实施民主教育"吴江行知网络沙龙

沙龙时间：2004年5月1日~31日
讨论地点：吴江市行知网"走进陶行知"版块
参与对象：有关陶研会员与教师
讨论主题：如何在课堂教学中实施民主教育

李建华（吴江市实验小学）："民主教育"是一代教育家陶行知的理论精髓；"课堂教学"是新一轮课程改革与新教育实验的重要阵地。以"如何在课堂教学中实施'民主教育'"为主题，以网络沙龙为形式开展学陶师陶研陶创陶，以课堂为载体，以"民主"为支撑，以实践为试金石，以自己珍珠似的点滴感悟反思穿起民主的"项链"。（如："民主教育"的内涵与内容、过程与方式、价值与策略、评价与功能；案例、片段、困惑、成功、实录、解析……）真诚地希望广大同行仁者见仁、智者见智，在讨论中闪烁智慧的光彩，百家争鸣，百花齐放！使课堂充满生命的活力，使理论趋向更真善美！真诚地希望广大同行因此而得到一些实惠与收益！

经典书香（吴江市实验小学）：陶行知的"民主教育"内涵丰富。包括：民有——大家有份、全民作主；民治——争取民主、发展民主；民享——服务于民、为民享用。"民主教育"的内容："民主教育"的学制；"民主教育"的课程和教材。"民主教育"的方法："生活与教育联系起来"的方法；小先生"即知即传"的方法；"来者不拒，不来者送上门去"的方法；"手脑并用，劳力上劳心"的方法。民主教育的教师：树立民主作风，虚心向民众与孩子学习，教师要宽容。民主课堂教学观——教学做合一。即"教学合一"到"教学做合一"；教的方法根据学的方法、学的方法根据做的方法；真正的"做"是"劳力上劳心"；教师拿"做"来教是真教，学生拿"做"来学是真学。

张菊荣（吴江市教育局教科室）：李老师提出了好话题！将话题定位在"课堂教学"上，让课堂成为民主的摇篮！经典书香提出的是一个宏大的讨论提纲，也是十分有价值，特别是民主课堂的建立。如此好的话题，我们应结合教育实际各抒己见。

王展鹏（吴江市南麻中学）：一个时期以来，我一直在对学生进行艺术考核，在了解学生学习情况的同时，我增加了一个让学生对艺术教学进行评价的题目："请你对我们的艺术教学谈谈自己的想法。"学生说："上您的艺术课我们很开心，因为您为我们打开了一扇通向艺术殿堂的大门，但我觉得您在课堂上讲得多了，供我们独立思考的时间不多，希望您以后注意。""老师，我觉得我们现在的艺术课本过多地强调艺术的欣赏，而让我们动手的内容不多，希望以后能增加一些这方面的内容。""老师，您在艺术课上，让我们自由地评价大师的作品，我们觉得很高兴，通过相关资料的搜索，我们的眼界更开阔了，学习的兴趣更浓了。可惜这样的机会不是很多。""老师，您让我们交流的机会太少了，有时候我们想说的话还没说完就下课了，话憋在心里很难过，我们真的很失望。""老师，有时候您在上课时会讲一些似乎与课题无关的话，扯得很远，让我们无所适从！"……

学生的回答，引起了我的反思——关于"教学民主"：前两天，我们在讨论有关"教学民主"问题，秦老师问了一句：你民主吗？我民主吗？我们民主吗？对这个问题昨天我也许会自信地说："我是民主的。"但今天，面对学生对我的评价，我哑然！我们在组织艺术教学的时候，常常会一相情愿地设计自认为完美的程序，并在教学中充满激情地演说一番，而恰恰忽视了教学活动的"消费者"——学生。其实这也不是什么新的话题，我们一直在口诛笔伐一言堂，不知不觉中出现在我的课堂上，这不能不说是个败笔！关于"组织形式"：我一直认为我在教学的组织形式上是很看重的，特别是一节课的导入部分我觉得非常重要，良好的开始是成功的一半。本学期我们尝试了网络教学，多媒体教学以及专题研讨式教学，从学生反馈情况来看，还好，说明我的方式他们是认可的。只可惜，因为时间的局限，我的很多想法一时无法进行很好的尝试，给教学留下不少遗憾！关于"生成教学"：在课堂教学中，我们常常会碰到一些偶发的事情，出现一些新的情况，针对这样的情况，有时我会采取一些相关的补救措施，我个人认为这些问题从一节课来看似乎影响了教学任务的完成，但对于艺术教学的整个过程来说是必要的，否则可能会导致教学的恶性循环。值得注意的是，我在处理"生成课题"的时候，未作很好地过渡，导致有的同学认为"无所适从"。

这次让学生评价教学活动，暴露了我在教学中存在的不足。知不足，然后才有进步，我庆幸自己采取了这样的措施。对教师的考核——让学生说话。这将是我走向教学民主的第一步！有几个问题请教各位：一是你的课堂上允许学生插嘴吗？为什么？二是什么样的学生是你课堂教学中的主角？你经常关注的是怎样的学生？三是什么是您理想中的课堂教学？四是你的学生可以对你直呼其名吗？也许有人会说这是表面的东西，但背后的却是教育理念的支撑，我觉得这一切事关教学民主，您怎么看？

李建华：我重点谈"你的学生可以对你直呼其名吗"。我认为是可以的，至少这是一种师生很平等民主的做法。师生"对话"时，我们广大同行不也是直接提问——"请某某同学回答"。其次，可以调节课堂的气氛。记得去年"南长杯"教海探航的课堂上，薛法根在开场白中导入——"去掉姓说说我的名字""法根""响亮些！""法根——"于是满堂亲切的话语此起彼伏。一下子拉近了教师与学生的距离！可谓"课已始，情已起"！其他三个问题涉及关注与生成课堂的问题了。

耕人（盛泽二中）：课堂上学生有权保持沉默吗？学生都保持沉默，这课会不会成为独角戏呢？

王展鹏：我认为学生有权保持沉默！学生保持沉默不等于教师唱独角戏，只要沉默的学生在思考就是好的。更重要的是发言的质量，"质不够，量来凑"只会衍生出表面的活跃，但如果我的课堂是我一个人在唱独角戏，我会很不自在。所以要尊重他们的沉默权，但我更期待分享他们思考的成果。

沈育新（八都中学）：学生在课堂上的权利应该是在一定限制下的，并不是每个学生的沉默都是在思考与课堂教学有关的问题。所以还是要鼓励他们积极地开口说、动手写，让他们的思想与教师的活动完美地结合起来。要在课堂教学中实施"民主教育"，教师应在课堂上能允许学生犯错，能让学生自由地发表自己的看法；并能把众多纷繁的看法有序地引导入课堂教学目标中，真正实现师生间的"零距离"交流。这就要求教师本身应该具有较高的水准。

李建华：谢谢大家的发言。例如认知错误策略——"他刚才哪里读错了"。

生：他把"大不一样"读成"不大一样"。

师：这两个词意思相同吗？

生：意思不同。"大不一样"是说差别很大，"不大一样"是说差别并不大。

师：读读课文，想想秦岭与兴安岭差别大不大？

生：它们差别很大。秦岭"云横"，而兴安岭则是"那么温柔"。

师：谁到黑板上来画画，看看各是什么样子的？（生作画）

师（指图）：一个险峻，一个温柔，看来，二者确是——

生：大不一样。

　　学生在学习过程中发生的种种错误，教师是难以一一预测的。教师不能为执行教案而按部就班，必须对学生这些认知错误，现场作出价值判断，并决定如何进行纠错正谬，生成有效的教学资源。当学生读到《林海》中重点句"大兴安岭这个'岭'字，可跟秦岭的'岭'字大不一样"，教师意识到一个字的字序有错时，词的意思差别很大，就赶紧运用认知错误策略，生成价值，体现活的动态的教学。

　　游客一号：关注课堂教学中的"民主教育"是否该从课堂以外开始。五一节前，教育局就建立以校为本的教学研究制度专门召开分管校长会议，下发了文件。其实我们在关注教研以校为本、以教师的专业为本的同时，不应忽视以学生为本，以学生的有效学习为本，这是重心所在。老师们在研究文本、设计教学时，生本意识强了，尊重学生了，民主才能真正体现到课堂中。

　　玻璃樽（松陵三中心）：课堂的民主需要在什么条件之下的民主？我认为是团结、和谐、平等。只有建立在这种前提下才能谈民主。

　　耕人：理想主义与现实主义往往是有距离的．当这种距离大到一定程度时，该如何实现你们的民主教育呢？

　　王展鹏：真正的民主是要植根于学生和老师心田的。我个人认为，表面的民主只会让我们的教学出现方向性偏差！

　　陆建华（吴江市黎里镇中心小学）：我校在"发展性心理辅导，促进学生研究性学习的策略"的研究中深深体会到，实施民主教育，教师要学习心理学原理，优化课堂心理环境，营造健康的课堂氛围，使课堂成为一个充满能源的磁场，成为学生完善自我、发展自己人格的理想场所。美国教育家罗杰斯说："创设良好的教学氛围，是保证有效地进行教学的主要条件，而这种良好的教学氛围的创设又是以建立良好的人际关系为基础和前提的。"因此，我们认为，营造积极健康的课堂氛围，一要积极引导学生参与课堂的人际交往活动，把学生放在一种人人参与、生生互动的人际关系之中，使学生在交往过程中既帮助他人，又得到他人的帮助和支持，增强自信心，提高学习积极性。二要在课堂教学中优化教学方法，激发学生积极的学习心理。要加强现代教育技术与传统教法的整合，优化教学流程；要经常强化学习动机，激发学生求知欲望；要创设情境，活跃课堂气氛；要寓教于乐，运用游戏等方式，使学生产生移情效应，调动情感。三要注重自身心态的调整，注意发现自己影响健康课堂氛围的负面行为，不断改善自己的教学方法，在新的基础上寻找和学生信息相通的"移情点"，优化课堂教学氛围。

耕人：一天上课，学生埋头大睡。教师走上前，推醒他。他说："我爸说，睡得好，才能学得好！"教师说："可现在是上课时间，该学习啊！"他说："你也说过，'身体是革命的本钱'，本钱当然比学习重要！"请问：是不是教师平时太"民主"了，学生的嘴才会这样越来越油了？

李建华：不言而喻，从你的"引号"中已看出，您是不赞成这所谓的"民主"！这是一种放松、任其自然的结果与调味品！小学生中，这样的油嘴滑舌不多，至少在课堂上！魏书生认为：民主落实在学习上，应该是给学生学习的自由：拥有学习的时间、空间和机会。为什么有的教师的课堂安排总是满满当当，作业都要安排到自习去做？关键是他们想不开！试问，从语文教材中挑最重要的10篇文章，砍掉它，换成别的文章，行不行？回答是肯定的。既然砍掉10篇最重要的文章都可以，那么舍弃某篇文章中的某个知识点，就更不会影响全局了。因此，教师上课不必精雕细刻，倡导讲读课要少讲多读。

耕人：民主与惩罚是相对的。课堂上我们也要有相应的惩罚手段，形成一种威慑。再实行相应的民主，会不会有更好的效果呢？一味的民主有时会在无形中助长一部分学生的投机心理。我总算对课堂上的民主有了更深的了解。说句实在话，我不是不赞成这所谓的"民主"，而是我们的民主太扩大化了。课堂的民主应是有一定前提条件下，是对某一范围之内学生的民主。有一部分学生必须要有相应的集中，即激励后进与表扬先进、适度民主与惩罚教育相结合，既实践又创新，从而把真正的民主教育进行到底！

（原载《小学教育科研论坛》2004 年第 10 期）

开出一朵具体的"花"

花，自然的象征。爱花，是亲近自然，表达情感，抒发自我。老舍爱花，寄情于"养花"；周敦硕爱花，仰慕于莲花"出污泥而不染"的品格；季羡林爱花，怀念夹竹桃的"韧性可贵"；苗圃里的园丁爱花，更多的是满足"售花"的意愿。赏花的人是愉悦的，育花的人是幸福的。听到花开的声音的人，看到花开得灵动的人，往往是乐于付出善于收获的育花人。

老师是育花人，在教育的沃土上种植耕耘，育出一朵朵具体的"花"。

开出一朵具体的"花"，在于精心实践，在于走向广阔的田野——教育教学的实践。它不是灰色的理论，而是真心的尝试；它不是浅尝辄止，而是深入浅出；它不仅是知其然，更多的是知其所以然。它可能是一个小问题的解决，可能是一位后进生的渐渐转化，可能是质疑后的豁然开朗。这种问题的解决是那么具体，如同眼前那朵鲜艳的花；这种转化是那么亲切，如同脸上那灿烂的微笑；这种豁然开朗是那么自信，如同柳暗花明又一村的感觉。那真心实践的情感之水，和着理论的肥料，浇灌着思想的种子，在实践的田野，开出一朵具体的花，填满着你的视野，充盈着你空旷的心灵。

开出一朵具体的"花"，在于让教科研走下神坛，变课题为现实的小问题，变随意为意义，变抽象为形象，变简单为具体。"学习模仿——尝试实践——借鉴创造"是小问题研究的三部曲，行走在解决问题的路上，也许要依靠学习的拐杖，去支撑、践行、思考；也许会像种子一样遇到骤雨的鞭打，也许会像花蕾一样遇到狂风无情的摧残；也许会遇到冷言冷语，遭受无尽的黑暗与孤独；也许获得的结果微不足道，犹如田埂上的一朵无名小花……但始终坚信"种子的力量"，落地生根就会有开花的希望，实践行知就会有真谛的获得。当用记录来表达开花的历程，用具体来证明花的灿烂时，欣赏的不仅是自己，还有赏花的人。

开出一朵具体的"花"吧，那就是课堂教学，就是班级管理，就是眼前的有价值的疑惑与不解……它落在地里，长在地上，浇智慧的水，施意义的肥，开具体的花，结实践的果。

开出一朵"花"，一朵具体的"花"，一朵具体的科研之"花"吧！

第四章

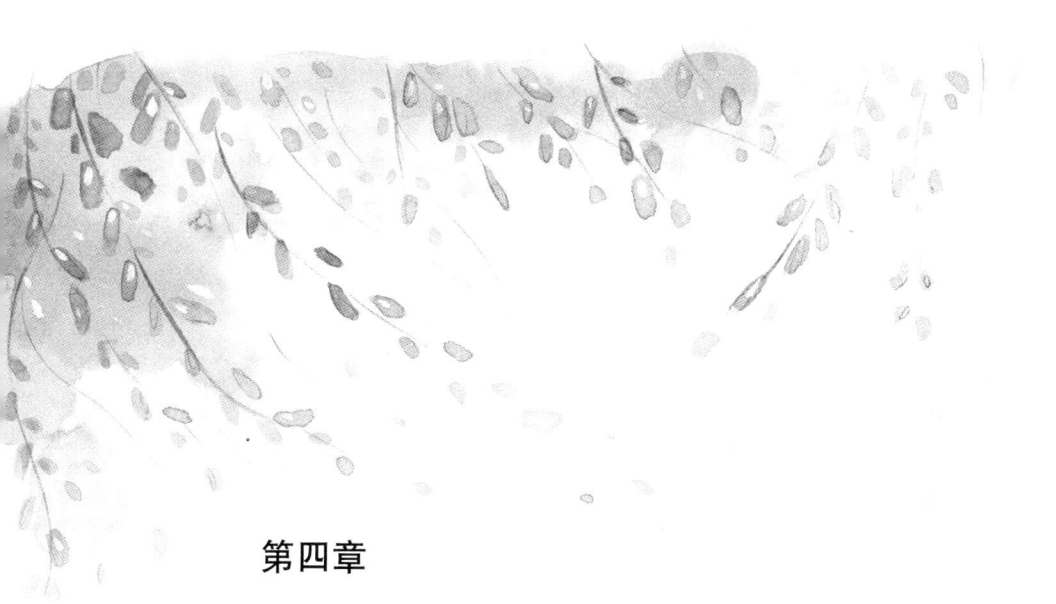

我的思绪：守望儿童"成长"的快乐

当我们面对天真淳朴而又充满需要的儿童时，不妨尊重他们的合理需要，创设成功的情景和时空，让他们在"跳一跳，摘到桃"中，实现生命的自我价值。

学生故事编

老师，我也想要……

"掌声是什么？掌声是鼓励，是向上的年轮、前进的动力。只要勇敢面对，就会获得掌声。"语文课堂上小金同学响亮地交流着自己的阅读感受。当下课铃声响起时，我把一张精美的书签递到了小金的手中。在同学们羡慕的眼光中，他接过书签："谢谢老师！""老师，我也想要！"又一个童音响彻在耳旁。"老师，我也想要！"——一句多么朴实直白的话语，我一边微笑一边寻思……

星期一早晨，在批阅小金的周记时，突然在记分格旁边有八个小字映入眼帘："老师，我也想要书签！"嗨！这样毫不隐讳地表白自己内心的同学，肯定有一颗童真的心灵。怎样保护这颗童心？直接给他，又似乎太草率，违背我奖励书签的初衷——激励学生遵守纪律积极发言。望着语文书我产生了一个想法：课上给他写感悟的机会。于是，出现了上文的一幕。

教育心理学家马斯洛的"需要层次理论"指出：人有五大需要，从低到高依次是：生理需要、安全需要、归属与爱的需要、尊重的需要、自我实现的需要，并且形成一个从物质需要到精神需要的三角形。小金同学的"要书签"，开始仅仅是一种物质层次的需要，见到同学得到书签，希望自己也能拥有。于是，就在周记中有意无意地流露出来。老师尊重他，保护他的积极性和内在需要，而不是去另眼相看；相反，适时创设情景——"写阅读感悟"，为他提供阵地和空间，激励他去努力"实现自我需要"，成功地满足其内在需求。此时，它已不仅仅是物质层次上的"书签"，而是精神层次上的自我价值的体现了，因为一张小小书签的结果已经融合在师生共同追求生命价值的历练与过程之中了。

确实，特别是在中低年级的小学生中，我们当老师的常常会遇到这样的现象：当一位学生说"我要喝水"，旁边就会马上传来"老师，我也要喝水"；当表扬一位学生朗读课文出色时，旁边就会马上传来"老师，我也要读"；当表扬一位学生"坐得真端正"时，旁边同学就会马上抬头挺胸——似乎说"老师，我也坐得端正"……不难看出，他们有各自的需要，或生理的，或归属的，或尊重的，或自我实现的。当我们面对天真淳朴而又充满需要的儿童时，不妨尊重他们的合理需要，创设成功的情景和时空，让他们在"跳一跳，摘到桃"中，实现生命的自我价值。

"老师，我也想要……"愿这无邪的话语，如花朵一样灿烂在每一位老师和学生的心间。

（原载《吴江日报》教育专版 2005年）

由写字获奖想到的

四年级（1）班在钢笔字比赛中获得第二名，喜讯传来，我不禁感慨万千。在敬佩该班语文老师有一手好字的同时，也联想到了任教老师的多次辅导、教研组的团结合作、相关老师的联合巡视指导等，这些让我情不自禁地写下如下思考。

一是现状的不足。目前，学校对写字教学还是比较重视的，特别是低年级，教师认真指导学生认识偏旁、笔顺、结构，甚至手把手地指导握笔的姿势和方法，采用评比、示范等激励方法，提高了写字的质量。但也不可否认，写字时间的不足、个体辅导的局限、写字兴趣的引导等也或多或少地影响了写字的质量。

二是要端正态度。课标提出了各年段的不同写字的标准，因此，我们应该立足年段的特点，把握写字的规律，树立正确的观点，端正指导的态度。如确立"提笔就是练字时"等观点，留足练字时间，指导学生有效写字。

三是要指导方法。一是指导笔画、部首和结构，例如"折"，指导用笔写字时要分轻重，特别是折处，要顿笔才向下滑；二是指导时作讲解，如"安"字——主要笔画是横，应该写得长些，拦腰横贯左右，像杂技演员走钢丝时用的一根长长的金属棍一样，起到平衡的作用。生动的解释，给学生鲜明的形象，有利于学生把握要领，提高写字的兴趣。其实还有很多方法，如"比较法""演示法""评价法"，在实践中指导学生真心揣摩和练习，是可以写好字的。

"听说读写书"是语文的基本素养，是语文教学的落脚点。我们语文老师，特别是小学语文启蒙老师，更有责任为之努力实践！

尊重儿童：从"因材施教"开始

这是一个真实的故事。

主人公是美国的一位11岁的小学生，那次在上小学体育课时，老师教学跳高。这位小学生半是好玩半是爱说，等到点名叫他跳高时，他思想正在开小差，在慌乱中匆匆奔向横杆，结果是面向老师，背对横杆，并在一急之下，把老师教的姿势都忘了。于是他急中生智，索性顺势就地腾起，奇迹般地跃过了1.15米的横杆，倒在沙坑里，引得同学们哄堂大笑。但他的体育老师慧眼识珠，及时推荐他到跳高俱乐部，帮助他完善这种独特的跳法。终于，在1968年墨西哥奥运会上，他用奇怪的跳法——"背越式"，征服了2.24米的高度，打破了当时的奥运会记录。他就是理查德·福斯伯，并且成为风靡世界的"背越式跳高"技术的首创者，开创了跳高史上的新纪元。

故事是简单的，但给我们教师和家长的启迪却是深远的。

第一，要发现价值。 教师或家长要有一双善于发现价值的慧眼。小男孩虽然开小差，不得跳高要领，但是他具有与众不同的跳高禀赋。那位美国的体育教师善于发现他的机智和价值，既开掘潜能，又及时推荐，有效训练，架起了他成才的阶梯，终于成就了一位跳高的冠军。

其次，要尊重主体。 学生是学习的主体，体育课堂上，理查德·福斯伯学习跳高不专心，甚至掌握不了。作为他的体育教师，不但不盲目训斥；相反，尊重学生的行为，尊重主体的个性差异，宽容对待，允许犯错，允许有不同的跳高方式。这种民主的态度和平等的做法是值得我们所借鉴的。

再次，要小心呵护教育的另一半。 那就是学生的学习态度、习惯、兴趣、个性差异……学生是一个活生生的个体，他们各不相同，就多元智能而言，有的语言能力强，有的运动技能强，有的数理逻辑能力强，有的空间思维能力强……作为教师或家长要因材施教：从学生的已有实际情况出发，发挥他的特长与兴趣，适度引导，合理发展，发展他的所能，或培养他的语言，或突出他的思维，或发展他的体育特长……

当今，在充满竞争的社会大环境中，我们教师和家长更要学学那位难能可贵的体育教师，善于发现，敏于尊重。在实际的分数面前，我们教师和家长更要小心翼翼地呵护这种大雪无痕的"教育"，让我们从"因材施教"开始，真正尊重儿童，呵护教育的另一半。到时，在你面前的将是一个个真正有所发展的生命个体。

"请把汗擦掉"

正是冬意渐浓的日子。活泼的孩子们只要有活动的机会就会不顾一切玩个够。一节课下来，满头大汗，头冒热气，恨不得迅速用冷水冲凉。我站在门口，看看大汗淋漓的男孩小晨，举起餐巾纸，招招手——"请把汗擦掉！""谢谢！""不用，最好把后背也擦一下。""哦，知道了！"

就这样，常常有几位孩子会学着我的动作，说"请把汗擦掉"，然后，在微笑中会意离去。

其实，只有我知道，"请把汗擦掉"有一段来历。2004年冬，我应要求去爱德代课，这个五（2）班学生是来自吴江各镇的，而且好动、贪玩的孩子很多，况且是住宿班，学生很少有出去的自由。只有活动课，才会不请就到，往操场跑去。这不，小胖又冲在第一个，四肢发达，大喊自由。"风大，注意着凉"！他们早就你一群我一伙地追捉跑闹起来。不一会，小胖就大汗直冒、大气直喘，成了一个"蒸笼头"。下课铃响了，他终于跑回教室，那件羽绒服却躺在操场中央。我只好请同学帮他取回来。第二天，他咳嗽个不停，脸红得可怕。一摸，热焦焦的。我急忙送他去了校医室，最后无奈地送他去医院，陪挂水、联系家长。这件事就这样过去了。

一年以后，这小孩毕业了。又是冬天，校长突然接到一位初中家长的电话，称小胖家长要学校赔偿孩子的健康费，因为咳嗽的老毛病是在那年冬天爱德读书时候得的，一直复发至今。校长又笑着说："当时，你是班主任。"我说："他家长来也好，正好教育一下，孩子要听老师的话！"后来，这事不了了之。

现在，每每想起他，我就会有种不安：活泼的孩子苦于住宿的无奈，是否有更好的措施，既不影响孩子健康，又学有所得？有！那是什么？活动课上，教师要组织好活动，注意运动量，注意劳逸结合，注意指导引领……不是自己的课，可以关注孩子，鼓励表扬擦汗的同学，乃至递上一张餐巾纸，甚至帮助擦汗……

是呀，育人是科学与艺术，关注孩子是科学与艺术，健康孩子又何尝不是科学与艺术呢？记得前年假期听特级教师于永正讲——看到课上一个孩子急着看自己，就说去吧！一会儿，又请班长去厕所送上手纸。孩子感激啊——"于老师，真是我的忘年交啊！"确实，走进学生心灵也好，沐浴在爱与希望的阳光中也好，教师真的要用心，用心读懂孩子啊！

"请把汗擦掉！"这是我面对流汗孩子的口头语，也愿成为关爱学生的试金石！

难忘那双忧郁的眼睛

初为人师至今,已有十多年,经历过的事有许许多多,有喜有怒有哀有乐,有酸有甜有苦有辣,有成功有失败……透过如过眼的烟云,留在记忆之中的是那双忧郁的眼睛……

那是刚任教不久的一天清早,我照例骑车来到中心校。雨丝绵绵,风微路长,一下车,身上已全湿了,水珠顺着头发流下来,也许是汗水也许是雨水,顾不上的是十多里的颠覆,心中只顾去教室收昨天布置的"征文"。

"老师,马萍没有做作业!"

"为什么?"

"她出鼻血,晚上去医院晚了,就没做!"

一会,马萍慢腾腾、低着头走进来。近看二条杠没戴,红领巾似乎有些皱巴。"作业为什么不交?出点鼻血有什么了不起!早晨不会补吗?你爸爸过早离世,你应该争点气!你看你,班干部不像班干部!连这点小困难也克服不了!真气人!你还当不当这个班干部了?!"

"老师,我……"马萍早已泪水滚落,满脸通红,饱受委屈的样子。

"别说了,老师不喜欢不交作业的学生,你走吧!"我放大嗓门,竟使她微微一震,欲止的眼泪又滑落下来。

以后的日子,她补了一篇作文,交到我桌上。我捧起一看——《我的老师》。只记得说老师是平凡的,我的老师很勤奋向上,又很严格要求。也许并不十分突出,也许错过征文时间,我只是谈了几点意见,就回给了她:"你的作文还可以,只是时间过了。以后自己改,自己投寄吧!"望着她那双很大而又明亮的眼睛,望着她那闪烁而即逝的光芒,望着她那欲言又止的样子,我又低头批改作业……

六月,市里来验收班集体,马萍是我考虑的主持人之一,然而,一想起她那双忧郁的眼睛，就去掉这一念头，我选了一位十分活泼而能力强的中队长出任了。那次班队课，同学们有说有唱，有歌有舞，活泼可爱，富有意义，而她——马萍却一言不发，自始至终用一双忧郁的眼睛专注地看着活动，偶尔也有一点轻轻的掌声。那年，班级集体验收通过，当我知道这个喜讯，学校已放假，告诉她是在她家的街边，她正在看一群孩子跳皮筋，我恰好路过，谈起这事……

不久，听说她转学了，后来在邻近乡镇读初中了。为着这双忧郁的眼睛，我总想说声"对不起"，但师道尊严令我说不出口，放不下架子。几年过去了，我曾尝试努力改变这一切，一次去市里开会，路过新华书店，偶然发现一本有关写老师的新概念作文和一本《古译今》的初中语文辅读。我买了下来，下午又请一位学生带给她。我不知道她会怎么想的，也许会原谅我这位老师，也许不会原谅，甚至不可原谅。但每每想到这里，我总觉得有一双眼睛在注视着我，那么忧郁，那么明亮，那么单纯……

十几年过去了，我也从昔日的乡镇小学调到了市实验小学，仍然站在讲台上，但是多了一份成熟和耐心，每当望着一双双明亮的眼睛，我就如同看到一颗颗纯真的童心。看到他们，我埋怨自己，激励自己；看到他们，我难忘那双忧郁的眼睛。我无法回避那忧郁的眼光，我渴望走出那双忧郁的眼睛，渴望灿烂，为自己的职业而灿烂，为一双双明亮的眼睛而灿烂，为花开有声的新教育而灿烂，为明天新升的太阳而灿烂……

错误，也是作文的资源

周五，第 44 期《班级作文周报》如期印发到学生手中。郑思旭等同学突然走到我办公室，说："李老师，邹希的那篇作文《我多想从分数中跳出来》是抄来的，我在自己的《小学生优秀作文》中看到过。""是吗？你明天带给我看看，但是在没有弄清事实之前不要再议论。"

第二天，郑思旭带来了他的"证据"。我仔细对照，查看了两遍，除了我当时编稿时把他的"83 分""90 分"改为"良好""优秀"外，其余的几乎一模一样。"好的，这件事到此为止。我想会给大家一个答复的。"

晚上，我的手机响起"嘀嘀嘀"声音——"李老师，不好意思！那篇发表在《班级作文周报》上的《我多想从分数中跳出来》的确是抄的，当时认为写的和我的情况差不多，所以就稀里糊涂地抄了下来。下次一定不再犯，凭自己的实力争取发表。请你原谅，好吗？——邹希（化名）"。这个邹希，我正寻思着教育的方法。现在，自己主动承认了，很好，但是"凭自己的实力发表"作文是他的心里话。如何让他不失面子、继续保持作文的热情？就用《班级作文周报》给予他成功的平台，满足他的需要，再……

第三天，我找到了他，他显得很紧张。在校园一角，开始了我们的谈话。

"邹希，你勇于承担责任，知错就改，态度很端正！为什么要'用'《我多想从分数中跳出来》这篇作文？"我有意识地回避"抄袭"这个词语。

"我感到文中写得很像我，很真实。"

"哪些地方？"

"我测试时得了'83 分'，爸爸妈妈就是一阵唇舌风暴，一个劲地批评我，一点也不顾我的感受。"

"你还觉得哪些地方写得好?"

"文中用环境描写开头,中间记叙了一件父母批评我考试不好的事,最后用抒情的方式扣题结尾。"

"是的。如果你认为这个话题好,就可以按照你的观点写你身边的事例,就如爸爸妈妈对你的唇枪舌剑一事;还可以用书信的方式建议家长,呼吁老师啊!……"看着他点头,我又鼓励道:"这样吧,我给你一次改过的机会——把今天的感受写成一篇作文。如果好的话,就是凭你自己的实力了。行吗?"

"好的。"

第四天,邹希果然写好了,并认认真真地交给我。

一封致歉信

亲爱的同学们、老师:

你们好!

上周第44期的《评价周报》中,我发表了一篇题目为《我多想从分数中跳出来》的作文。这篇作文我承认是抄的。当被揭穿的时候,脸上顿时感到滚烫滚烫的。我试图反抗,可我有什么理由去反抗呢?我的的确确是抄的啊!

事后,惭愧之心一直压抑着我很久,我终于鼓起勇气,给李老师发了一条道歉短信:"不好意思,李老师,那篇作文的确是我抄的。当时认为作文中语句优美,情况也和我差不多,就稀里糊涂抄了。下次,我一定凭自己的实力,去争取发表机会。请您原谅我,好吗?"摁了发出键,短信就收不回来了。可是,迟迟没有回信。

第三天,李老师叫我出去谈话,我意识到一场暴风雨就要来临了,可看到李老师亲切的笑脸,我悬着的心也放了下来。他语重心长地对我说:"如果你认为这篇作文好,可以按照你的观点你身边的事例去写。还可以建议家长啊!建议老师啊!……对吧!反正,抄肯定是不对的,希望你下次改正。"我点点头,悬着的心终于落下来,高兴地回到教室。

同学们，我错了，我不该为了满足自己的虚荣心，去窃取别人的劳动成果，请你们原谅我，好吗？

祝大家身体健康，学业有成！

邹希

2009 年 10 月 28 日

"愿意发表在《班级作文周报》上吗？""愿意"。征求他的意见不久，第 46 期作文周报如约而至。课堂上，我先请邹希读自己写的这篇作文，说："大家看完邹希的文章，有什么感想？"

"这封致歉信写得很真诚。"

"我读了以后，很感动，只要以后不犯错，可以原谅。"郑思旭一本正经地说。

"写作文一定要写自己的东西。例如你认为这篇作文好，可以借鉴它的方法，按照你的观点用自己身边的事例。还可以换个角度写，如建议家长正确对待成绩！建议老师鼓励我们全面发展，等等。"邹希接着说。

"就是不要做别人的跟屁虫嘛！"幽默的同桌风趣而快速地接道。

哈哈哈——教室里充满了同学们的欢声笑语。邹希也情不自禁地笑了起来。

以后，我又有意识地让邹希参加一些作文活动，如聆听在市图书馆举办的"创建全国诗歌之乡"的讲座、参加梅子涵的签名售书活动、参加"小荷"征文等。他的《承担这一切》发表在第 58 期的《班级作文周报》上，同时被评为本期佳作，一篇征文获得了市二等奖。昔日的"小不点"变成了今天更喜爱作文、更充满朝气的"作文小能手"。

（原载《吴江教育》2010 年 1 月）

一个苹果的故事

2007年3月,我任教四(3)班的语文。一次午后,班上的许多同学拿出自己的水果品尝起来,其中有几位同学拿出苹果。有的是家长已经替孩子削好了的,显得黄黄的;有的是一整大个的,皮没有削去,红彤彤的……我看到了,不经意说了一句"削好的苹果味道好吗",言者无心,听者有意,这位听者就是班长,一位叫王书帆的学生,他的学习品质特别好,喜欢质疑、探究和解决问题。第二天,王书帆写来一篇苹果保鲜的实验日记。

苹果变色

我经常吃苹果,发现苹果放很长时间就会变色。今天我要做个实验,看看这到底是怎么一回事,有哪些因素会影响苹果变色的速度和程度。

我把苹果切成6块,分别放在不同的环境下,看看变色有什么不同。分别为:①常温露置,②常温盐水内,③常温水内,④常温保鲜袋密封,⑤冰箱露置,⑥冰箱保鲜袋密封。我又用温度计测量了一下,常温是11.5℃,冰箱里是2.5℃,两者相差9℃。

过了半小时,我的发现如下表:

变色情况　编号	变色情况	备注
①常温露置	稍有变色	吃起来没有新鲜的脆
②常温盐水内	不变色	吃起来甜,稍脆
③常温水内	不变色	吃起来没②好吃
④常温保鲜袋密封	不变色	跟⑥差不多
⑤冰箱露置	稍有变色	水分蒸发少
⑥冰箱保鲜袋密封	不变色	跟④差不多

一小时后，我的发现如下表：

变色情况　编号	变色情况	备注
①常温露置	由白变橙	水分蒸发较多
②常温盐水内	不变色	
③常温水内	不变色	
④常温保鲜袋密封	不变色	
⑤冰箱露置	稍有变色	水分蒸发少
⑥冰箱保鲜袋密封	不变色	

一夜之后，我有了惊天动地的大发现：

变色情况　编号	变色情况	备注
①常温露置	完全变色	干巴巴的
②常温盐水内	稍变色	
③常温水内	稍变色	
④常温保鲜袋密封	稍变色	
⑤冰箱露置	稍变色	水分充足
⑥冰箱保鲜袋密封	不变色	

看来，在不同的环境下，苹果变色的速度和程度还是有影响的，跟空气长时间接触才能使苹果变色；盐水密度大，空气不容易溶解于盐水中，所以不会变色；普通水的密度小，溶解了一部分空气，所以稍有变色；保鲜袋密封时里面有些空气，所以稍有变色；当然，气温对苹果变色也有很大的影响的。

现在，大家知道苹果变色的奥秘了吧！如果带苹果到学校去吃，削好皮后放在保鲜袋里，尽量不要让它与空气接触，到了学校放在比较阴凉的桌兜里。这样可以不让苹果变色，从而不让营养流失。

读罢，欣赏之情油然而生。我仿佛看到他回家削苹果、分方法保鲜、品尝体悟的情景。在我看来,这岂止是一篇日记,更是一篇有质量的研究报告。于是,我把文章读给大家听,发到《作文周报》上,鼓励同学们采纳他的意见,学习他积极探索,乐于记录,提出科学的合理化的建议。

无独有偶。到了五年级,我们班同学的科学兴趣更浓了。科技节让大家兴致勃勃,"金钥匙"让大家踊跃参与。3月份,科技唐老师招募"电子技师"的兴趣小组成员。那天我知道这件事情,说:"兴趣小组活动应该积极参与。"有一位学习后进的同学杨晨,一下课就去科学办公室报名,可是唐老师开会去了。第二天,第一节语文课刚下课,他就抢在我的前面走到教室门口,说"李老师,我先去报名电子技师,可以吗?""当然可以。"这次他终于找到了唐老师。在和唐老师聊到他的时候,我说:"他想参加就让他试试!"以后,兴趣小组活动的时候,他常常很准时地与老师打个招呼去活动了。每当路过电子技师教室的时候,我也会有意地看看杨晨。又黑又小的身影,与组员那么专注而又友好,或者焊接电路,或者测量电表……一副小技师的模样。5月,他和队友去南京参加了江苏省电子技师比赛。不久,唐老师拿着一叠获奖证书交给我汇总,我高兴地对唐老师说:"唐老师,杨晨真的获得一等奖!""是啊,他表现很好,和王书帆一起参加的。"我笑了笑,点了点头。冥冥中,感到杨晨的进步,来自对电子科技的喜欢,更离不开学校这样的科技氛围。同学的合作,老师的引导,小组的辅导,电子技师的活动,问题的质疑、探究与解决,这些支撑着学生的健康成长。

那时,班上学生欣赏金鱼缸里的小鱼,同学会乐于陪伴他;学生弄死笼子里的小鸟,大家会指责他;科技长廊里张贴的科学幻想画,大家会欣赏赞美。至今想来,如数家珍。

那年,学校正承担着省"十一五"课题《培养探究品格:小学生科学素养最优化发展的拓展与深化的研究》。这是学校的光荣,也是全体教师参与研究的使命。如今,五年过去了,洗尽铅华,留在记忆深处的是这两位学生。不,是这一班向上的孩子。不,是全校所有的教师和学生。

有人说,三个苹果改变世界,亚当与夏娃因为苹果创造人类,牛顿因为苹果发现了万有引力，乔布斯因为苹果创造 Iphone4 风靡全球。今日，在我们学校，从王书帆的营养苹果到杨晨的电子技师，从师生的自主参与到探究发展富有实效，学校的科技教育如同发现苹果一样，引发大家自主参与，殊途同归。这正是"科技教育无止境，师生成长更精彩"！

读书慎思编

多一点真心的试验
——读《陶行知文集》有感

《陶行知文集》是先生从1913年至去世期间写的全部文章。读这书就如读先生一生一世。陶行知的文章开始显得比较深奥，字里行间锐气十足。与以后的走向大众化语言相比，简直判若两人。这可能有两个原因：一是与他所处的时代有关，当时正是"新文化运动"之后；二是与他教人者教己有关——试想人人一读就懂，必须用明白如话的语言、诗歌，即口语化。确实，以后的文章，甚至教学的语言，读来朗朗上口。这也是先生的一些语言流传至今的一个原因。

早在师范时，读过《陶行知教育思想二十讲》，记忆中有"共和精义"，但当时一知半解。今天从文集中读到《共和与教育》和《共和与人文之进化》，眼睛忽亮，重温之意油然而生。《共和与教育》，先生把教育看作"建设共和最后之手续"。同心同德，真义微言，成于教育，昌于教育。我不禁想起"十年栽树，百年育人""最大的失误是教育"等警句。昔日睿智的先生与今日忧思教育的志士不正相似吗？另外，先生把爱尔吴、罗比尔的教育论述巧妙运用于此，也可见先生知识渊博，文章绝伦。《共和与人文之进化》，"民智日进，自觉心生"，"人民相处日久，互爱心生"，意思明白。使进化论放诸邦国社会而不准，则共和犹可以无视，无如进化非人力所能御也。不能御，不能避，是自然规则吧！智慧而互爱的人民，使宇宙万物的人文进化，使非人力的共和所能避。唯教育使人民发生自觉心，渐以明达。"和"也应表现在教育中。民主，平等，尊重。在二十世纪实施新课程的今天，如何"和"？第一，实施民主教育，尊重学生，善待学生。第二，实施人文关怀。第三，实施和谐教育。唯有此，"情感态度与价值观"才会有所落实。

读《试验主义与新教育》，首先觉得先生的目光敏锐，高瞻远瞩。一是有发明能力者虽旧必新，无发明能力者虽新必旧。"发明"之道是一种试验精神。善试验者立假设，择方法，格之有物，纳于规范。我认为试验是尊重现象，以科学理论指导实践。如今天的新课改，教师如何改变角色？如何落实三维目标？如何进行小组合作交流？就是一种试验，一种与时俱进的试验，而规范之中，就是在不违背规律下，既科学又艺术。"规范"与"新"是矛盾的统一体。规范未必不新，新未必不规范。新是追寻的理想，是播种的希望，是成真的梦想。二是试验者，去旧之方。即依赖天工，不为物所役，不为天所制。以力胜天才能探其奥秘，常保其新。为其所役，是一种屈服，不去尝试，固步不前，是不可取的，定被新生所代替。沿袭陈法，求教育新步，先有试验，以养成自得能力。试验是不唯旧，把恰当的想法付诸实践，是自新，是自得。率任己意，思而后学，知而后新，既约束又利用，才是试验之路。学习，实践，反思，循环往复，螺旋上升。真心试验，足以自用，公共原理，足以教人。在信息时代的今天这尤为重要。试验后的经验，是一种资源，乐于宣传是成果的转化，是一种幸福。试验有计划，有方法，有困难。成败难免，但要百折不回，再接再厉。今天，以先生的理念去审视。实际中，科研的辛劳不言而喻。记得在"九五"期间，承担市级课题"渗透美术因素，提高学生语文素质"，付出宝贵的时间，参考许多书本，实践"画中揭旨""画写联姻""班级隐性氛围的构建"。默默耕耘，终于顺利完成，发表了三篇论文，其中《架起小学作文与绘画的立交桥》发表于《苏州教育》。看看所走的路，言表的是克服困难后的喜悦。试验是新的做法，是新的价值体现，让我们每天多一点试验，多一点新教育的实验。

《新教育》——陶行知1919年7月22日在浙江第一师范学校毕业生讲习会上的讲稿。先生从"新教育的需要、新教育的释义、新教育的目的、新教育的方法、新课程、新教材、新教育的考试"七个方面论述。这在今天，仍有借鉴意义，具体表现在：一是"新"意。先生以为"新"是"自新""常新""全新",常常有变化,天天有改造,天天有进步,用新的学理和新的方法来改造。我觉得,"新"要从自己教学做起,改造经验,有自我更新。如开学第一课,让学生看教科书,从封面到内页,从形式到内容,看议说算,产生"我爱书,我要学"的兴趣。"新"要把握时间,改变俗套,要有量的积累,达到质的深化。二是"新"内容。先生在20世纪初就用明眼观察,把脉新教育,虽时过境迁,但适度超前,以"新课程"为例,先生认为从社会和个性两方面讲,课程要合乎世界潮流和共和精神——时代气息;要合乎学生需要——学生乐学;要合理取舍——整合资源。这与今天所谈的"新课程改革"不约而同,不谋而合。三是"新"评价。"要按照目的去考试,方才不会枉费了精神和财力"。注重考试结果和过程,考核角色要转变,自评、互评、他评、共评,丰富形式,合理评价,这不正把住了评价的重点了吗?评价是我们新课程的改革重点,这要我们在平时教学中多实践多探索改革。让"新"教育之梦,在我们身边多一点、再多一点!

　　时过境迁,朱永新教授迎着新世纪的曙光搞起民间"新教育实验",时代不同、内容不同,但本质相近。新教育震撼着我,也激励着我,敢于实践,善于创造,即使遇到困难,也绝不浅尝辄止!

吐纳自己的智慧

——读《教育智慧从哪里来》有感

第一次接触《教育智慧从哪里来》，在新华书店的教育专柜。翻开目录，被书中的一个个案例吸引住了。原汁原味，耐读耐品，催人奋进，是我的第一感觉。开学时，学校也发了这册书，真是慧眼识书啊！于是"一本提高教师专业研究素养的书"，又成为该书给我的第二印象了。时至今日，读罢书本，留在心间的是"专业、研究、反思"三个关键词语，吐纳自己的是"我阅读，我感悟，我实践"的真谛。

什么是教育智慧？智慧就是比较高明而巧妙地解决问题。教育智慧就是为了解决问题而在教育活动中所表现出来的引导人发现、协助人发展、指导人应用、激发人创造的智慧。智慧有它的特征，主要表现为灵动性、教育性、创造性、有效性。它在解决问题中比较灵活有变化并且迅速抓住问题的本质和根源；它在解决问题中又使双方得到教育和收获；它在解决问题中是扬弃某种策略与方式来专业地操作与实施；它能彻底有效地解决问题并给人反思和启迪。

那么教育智慧哪里来？教育的智慧深藏在研究中、在问题中、在实践中、在专业发展中、在借鉴与反思中。教育的智慧应该从提问中来——"明明知道学习重要，为什么还提不起劲来"（《智慧与爱心同等重要》）。从分析中来——教师最重要的任务是帮助学生深入具体地分析，他的心理问题是什么，他的思维方式是什么，他的困难到底在什么地方（《智慧与爱心同等重要》）。从研究的习惯中来——要了解事物的本质需要科学，比如心理学，甚至要有研究的习惯（《找骂》点评）。从培训中来——案例提供的主要不是某种具体办法，而是一个思路；它不是告诉学习者"怎么办"，而是帮助学习者学会"怎么想"（《最要紧的是学会学习和研究》）。从科学的思维方式中来——抓住自己对学生的不满，迅速转化为"探究"，去询问孩子；想办法使自己的认识客观地反映对方的现实状况（《面对问题要探究》）。从帮助中来——实施帮助式教育，不但需要有爱心，而且需要有先进的教育理念，即尊重学生主体性，引导学生自己教育自己，而不是揠苗助长（《两种教育方式》）。概括地说，教育的智慧来自专业的高科技、立足点的多元化、科学的假设与印证。

感悟于智慧之中，感悟于教育智慧的案例与点评之中。首先，是对案例的认识。我觉得不一定都是成功的，允许失败；要敢于面对孩子与问题，努力去寻找真正的原因，去克服和解决问题；要在教育科研的支撑下真实地做。其次，是对写案例的认识，要侧重过程的逻辑分析；侧重理智的诊断；侧重经得起质疑和推敲。最后，是对写案例点评的认识，要遵循几个原则；要横向与纵向地研究与追踪；要梳理思路和科学分析；要假设多种可能；要拿出自己正确的做法；要随时调整自己的想法。

我在教育中也进行了这样的实践：

监　考

正是监考三（1）班语文的时候，踏着铃声走进教室。"李老师——李老师。"学生亲切地喊道。"哪组先坐端正就先发试卷。"我微笑着说。我发现一位学生的座位挤在过道之间（学校要求统一考试座位，一人一座），"请这位同学搬到最后一组后面。"该学生比较认真而严肃地搬向指定地方，几乎不到半分钟就到位了。

于是，我开始有序地发卷："从前面往后面传。"眼睛注视着，学生也比较认真地往后面传送。"拿到试卷像我一样按照要求认真填写好学校、班级、姓名。"话音刚落，黑板上已经留下了我工工整整的字"吴江市实验小学三（3）班×××"。学生也工工整整地写下了自己的字。"啊，三（3）班的同学就是不一样，字体端正漂亮！"我赞美着检查着。

考试铃声正式响了，学生就开始答卷。过了一会儿，一位学生举手说："老师，下面的2指什么？""哦——指第2页，我们要学会看试卷哦。这张试卷有4页，正反面各有2页，一般要有序地答卷。"

又过了一会儿，有些同学开始写看图作文了。"老师，能把小鸟想象成一只金丝鸟吗？""可以，怎么想就怎么写！"我说。"老师，我可以用符号添加两句话吗？""可以，认为有修改必要的地方就适当去改！""老师，作文不够写了，是否下面可以画格子？""可以，但是老师建议在下面画横线，再写字，比较简明。"学生点头的，画线的，仔细修改的，那么认真，那么可爱！看得出题目并不难，难的是很少规范地答卷和长时间地坐着。终于，60分钟过去了。我看看学生——静坐又略有不安的学生，突然感到他们能够熬那么久真的不容易了；看看时间——还有20分钟，学生开始不安和无所事事了。我巡视一圈后，面朝大家说："做好了试卷应该做什么？""自己检查。""自己静等下课。"……

终于铃声响了！学生怀着喜悦的心情在师生的"再见"中离开了座位！

自我觉得，智慧来自学习，用于实践，不断总结。

这个案例展示了老师的责任与魅力。

监考是检查学习质量的重要环节。它影响到学生的成绩、教师的教学质量评价、父母的情感态度与价值观；它需要公平、公正地监考，公开透明的要求。我觉得自己在这次监考中尽到这份责任——教书育人，规范公正。在刚见到课桌没有按照学校统一的要求分开时，教师迅速作出判断和处理，课桌"不到半分钟""搬到最后一个"，监考教师有一定的角色意识和态度，处理时间短暂又比较到位，没有影响同学浪费更多的时间。对这班的每一个学生、对这年段的其他班级比较公平。其次，监考过程中教师讲清要求，针对三年级特点，示范性地写下了工工整整的字"吴江市实验小学三（3）班×××"；在学生遇到页码、作文想象、规范修改、检查答题等异议时，教师相机给予适当解释或指导，既回答了疑问，又规范了考纪，而这些是离不开教师的专业与素养的，更离不开教师的智慧引导、适时发现、相机激励。所有这些消除了学生的焦虑，达到监考的目的。这正是监考的魅力所在。

这则案例缘于对《教育智慧从哪里来》的感悟，对教育研究的情有独钟，对教育智慧的孜孜以求，因为这是一件比较有益的事情。我读《教育智慧从哪里来》，我在阅读中研究自己，在研究中努力促使自己成长为一个文化人、引路人、学生心灵的守护人。

理念：在于自己的执行

——读《没有任何借口》有感

"没有任何借口"体现的是一种负责、敬业的精神。我们需要的正是具备这种精神的人，他们想尽办法去完成任务，而不是去寻找任何借口，哪怕看似合理的借口。在实际中，就是尽最大努力去说话做事，言行一致。作为一线教师，我觉得体现在"六认真"上，体现在教书育人上，体现在为学生的安全与发展的服务上，体现在服务社会、家长、师生上。

"没有任何借口"体现的是一种团队合作精神。这种精神是强烈的责任心，是集体的荣誉感，是纪律的意识，是集体的行为准则，是文化的体现，是百年爱德的精神，是高尚的品质。

"没有任何借口"体现的是一种服从、诚实的态度。这种态度是是是、非是非，是真善美，是服从、按时、守信，是教好每个学生，为每个家庭负责，为教育教学尽职，是准时上下班，按时完成教学任务，及时批改作业，有效反馈，是班级的向上、学生的守纪的落实。

"没有任何借口"体现的是一种完美的执行能力。这种能力表现在你我身上，表现在黄金分割一样和谐的班级管理上，表现在课堂教学上如大雪无痕，表现在教科研上如生生不息，表现在自我发展上如花开的声音，表现在学校的教育上如诗意的栖息。这种能力表现在你我自身的特长与特色上，尽情发挥，自由书写，在人生的舞台、教育的平台。

不论做何事，务须竭尽全力。这种精神、态度、能力，决定一个人日后事业上的成功与失败。一个人工作时，如果能以生生不息的精神、火焰般的热忱，充分发挥自己的特长，那么不论所做的工作怎样，都不会觉得劳苦。如果我们能以充分的热忱去做最平凡的工作，也能成为最精巧的工人；如果以冷淡的态度去做最高尚的工作，也不过是个平庸的工匠。

"没有任何借口"毕竟是"没有任何借口"。它是一种新的理念，是一种思想的强化，需要我们合理地把握，既科学又艺术；它是一种新观点，既要与时俱进更要合理扬弃。"没有任何借口"毕竟是美国西点军校的实际，是一种"舶来品"；四种"报告长官"的答案承认标准的同时扼杀了多元。"没有任何借口"毕竟是"没有任何借口"。

阅读 借鉴 实践
——《言语教学论》读后交流

我很高兴地参加学校组织的读书活动。原因有三：一是学校一直重视教师的读书。特别是"十五"期间学校开展的新教育实验中，尝试了"建立学习化组织，营造书香校园"的活动，师生有目共睹。二是学校真心实意地提供这样一个交流感悟的平台。我虽然深感不安，但是也很乐意，因为不准备不行，谈不到点子上更不行。这是一种压力，也是一种动力。我觉得能把自己感受的甚至实践的交流出来，共享经典与书香，确实是一件有意思的事情。三是专业发展的需求，"最能致远是书香"，阅读给我启迪和思考，驱使我联系教学实际去实践，这是真正提高自己的有效途径。

一、为什么而读

1. 为"学习"而读。早在吴江市语文骨干教师培训班学习的时候，一位语文特级教师就给我们开了一个书目，《言语教学论》就是其中的一部。王荣生教授评价为——它是扛鼎之作，"对语文教学的基本问题的哲学解答"成就了"关于语文教学的一种理论"，充分显示了"逻辑的理论建构"的力量。韩军老师评价为——"它是我在语文教学领域读到的第一本学理相当严谨，学术逻辑性相当强，充满思想智慧的语文教学论"，对语文教育教学的"世纪性问题"给出了自己的解答。正是冲着这几点我选择了这本书。这次学校花费了一定的经费买了许多教学专著，我们学术学科带头人理所当然地去阅读。我就选择了这本连大学博士生也作为研读书目的《言语教学论》。

2. 为"研究"而读。语文是一门需要研究的学科。语文教学是一种需要研究的活动。研究的有效捷径是抓住本质问题。研究语文教学应该建立在"语感教学"这个核心基础上，在申报吴江市"十一五"课题时，我就敏锐地感到它的价值意义。所以，近来我为了研究深入的需要，研读起这本书了。而《言语教学论》从"言语"出发，提出语文言语学重建的主张；从语文课的价值意义考察，转化为言语智慧的心理学描述，提出语文课一元化的目的。从语文能力＝言语能力＝语用能力＝语感"的逻辑推论，确立"语意教学＋语境教学＋语体教学"的语文教学内容，进而主张语文教学生活化。这些严谨的观点、本质的力量冲击着我的教学内心，联系着教学的全部意义和价值。

3. 为学"李海林"做人而读。一是学习他的信念，读李海林先生这部前后花了五年心血才完成的巨著，也是在读他的人生和信念。他曾这样回忆写此书时候的冲动与灵感——"1994年的一个冬夜，缘于许多想法理之不清，挥之不去，一些新鲜的思想让我激动，那些尚不清晰的可能的命题让我不忍割舍，它面临的理论困难也让我徒然生出把它输理出一个头绪的冲动"。五年苦役式的痴迷使作者身心疲惫，写下泣血之作。完成那天他又写下这样的一段话——"五年来，对语文教学的种种思考缠绕着我，折磨着我，使我殚精竭虑、欲罢不能。当我沿波讨源、逐层推进达于理论的核心，我发现我站在一个巨大的挑战面前。因此，对我来说，批判已是一个不可回避的选择。言语教学的理论构建于我，可以说是一种学术研究，也可以说是一种信念，一种使命。"二是学习他的思维，主要是逻辑思维和批判思维。他对大家捧为圣典的流行的观点形象生动地进行逻辑推理，读来比较精彩，令人叫绝。如"语文学科具有工具性""工具性是语文学科的本质属性""语文学科是工具性的学科""语文是工具""语文课具有工具性""语文课是工具课"。对于这9种抬头不见低头见的习惯说法，海林先生在"语文工具论批判"一章中，只用了一个小节"表述批判：词语的迷雾与本题论迷失"，就一针见血地指出了这些说法的荒谬。并且概括出了这样3个命题。A. 语文是工具；B. 语文学科是工具；C. 语文课是工具。他认为A命题是混淆概念语文不等于语言，说语言是工具，不等于可以说语文是工具，举例关于"饭"的命题与关于"吃"的命题不是一回事。B命题是超越上位概念的命题。"语文学科是工具"的毛病就在于没有确定它的最低上位概念。假如说"语文学科是工具",那么物理学、数学、历史等所有学科均是工具。C命题是偷换概念与本题疏离。语文课是一个教学活动,工具是物品,说"语文课是工具",这在逻辑上是不成立的,活动与物品根本不在一个范畴和领域内。作者的睿智、深邃、严谨由此可见一斑。三是学习作者的立学与立人,特别是工作作风清楚,不拖沓。一次,有研讨会请他评课。他先评人,教师很优秀,一二三四;再评课,一二三四,高屋建瓴,三下五除二,清清爽爽,台下掌声一片。这种工作作风值得我们大家学习。

二、怎样读才有所得益

1. 读出自己的感悟。

感悟之一——"语文学的基本范畴"。进一步感悟"语言内容""语言形式"的内涵,强调"语言形式是言语的形式因素之一,语言内容也是言语的形式因素之一,语言内容和语言的形式结合在一起作为一个要素与言语活动中的语境相结合,从而产生一种言语行为的方式方法,构成言语形式的内涵"。李海林先生是智慧的,是理性的。言语表达与言语理解是言语的两个环节,作者认为:言语表达,是从意义到发出声音或写出文字,从内部言语转化为外部言语的过程。言语理解,分"感知"和"获得"两个阶段。人们在言语理解过程时,并不是完成一个语句的感知后才开始获知语句的信息内容的,而是边感知边获得,有感受引起获知,而获知又反过来引导随后的感知。

感悟之二——"重新认识语文课"。一是先生清算了理论,强调"一元论的目的论",认为语文课程的教学目的就是培养学生的语用能力。因为知识不具备目的意义。如:"现在的小学语文教学,教'春天来了,燕子飞来了',其实即使不教,孩子们也会说这句话。到了三四年级,就教他们'春天'是'主语','来了''飞回来了'是谓语。到了初中,要告诉他们,这是一个复句。到了高中,要告诉他们它是'并列关系''因果关系'等。"实际上,对于语文教学来说,这种"知识中心"是典型的南辕北辙目的论,它的偏差,形成多年来语文教学的整体失误。究其成因,是一直以"知识为中心"论的束缚,没有把语文教育目的引向实践能力。所以,语文教学是以言语内容为中介,获得言语规律和技巧的教学活动。它区别于一般的阅读活动,以言语为中介,获得所表达的教学思想内容。这就是语文教学的特殊性。

感悟之三——"重新认识语感"。先生认为:语感是语文能力的核心,语感教学是语文教学的轴心。语感具有直觉性、综合性,表现为知情能合一、身心合一、理解和观照合一。顺应和同化是语感的心理机制与对象原则。语感教学集中在实践上,就是如何寻找语感教学形式化、线性化外部操作方式的问题,关键是语感发生的心理机制。教学的目的,就是向学生提供超出他们原有心理图式结构的言语作品,并促使学生完成言语作品的顺应过程,从而改变原有图式,重新创造新的图式结构。语感能力的培养决定于言语对象在多大程度超出言语主体的图式结构的接受范围,迫使言语主体向言语客体转化。语感教学就是要找到言语对象的内容,与学生语感图式有一定程度的相似处,使两者得以实现内化的可能,但又必须存在超出学生语感图式框架和范围的内容,实现打破学生原有图式结构重组学生语感图式的目的,达到语感教学的"1+1"的作用。同化与顺应的矛盾、内化与言语对象内容的新颖程度的矛盾等等,解决关键在于:一是教师作用的发挥,二是教材的选择。前者要巧妙发挥控制作用,达到联结言语对象与言语主体的目的,留下足够空间让学生自主进入言语活动。后者在于凸现言语主体与言语对象的张力结构,言语形式与言语内容的紧密结合,即为学生提供有丰富隐含意义的教材。如关注组合关系紧密聚合关系模糊的词语、突破常规的语法、最有节奏感旋律感的语音等。语感教学是对传统语文教学的一次超越,它需要打破旧习,建立新观念,在教学目的、教学方法、教学手段、教材模式、课堂形式、教师素质、师生关系、测试方法等方面都面临挑战。

2. 联系自己的教学实践。

一是要把握学生特点,培养语文实践能力。例如,阅读教学《音乐之都维也纳》中"摇篮"一词，凸显语用能力。教师可以联系生活引导学生理解"摇篮"的基础上，获得意义与联想，再指导学生运用该词来拓展说话。

二是直指语感教学的核心。把握语感就是把握了语文教学的实质。因此，我在《小学语文"感悟"教学的策略研究》中，梳理了当前语文教学中的典型误区。在遵循"以人为本，以读为本，联系生活，整体感悟"的原则上，关注学生的质疑、语言的运用和意义的生成。如感悟语言，它是建立在正确设置语言感悟载体基础上的，主要是通过挖掘文本中典型的有特色的语言，并以此为语言教学的载体媒介，引导主体去感悟语言和发展语言。何谓典型的有特色的文本语言？一是语言的亮点——文中写得精彩的优美规范的富含情理意趣的语言；二是语言的空白点——作者的弦外之意、韵外之致的点睛之笔或主旨所在的语言文字；三是语言的情感点——能引起学生学习兴奋的情感共鸣的语言文字等媒介。记得教学《东方之珠》，有这样一段规范有趣的文字——"它们有的顶球，有的钻圈，有的举重，有的嬉水跳跃，游客不时被逗得开怀大笑"，这一段具有想象空白点，我设置了"一看录像练习说'精彩'；二联系生活用'有的'造句；三带着像游客一样高兴的心情来读出感受"的练习。教师针对特点，设置语言训练，发展学生的语用能力。这种开放的训练与表达，促使学生在字里行间中自由生成，真情流露出对文本的个性化感悟与创造性理解。

三是联系生活。例如一位学生写日记时，用了"我坐在电视机前，看着宇宙飞船上天的情景"的句子，我问："'看'改用什么词语更合适？""紧盯。"最后，让学生去收集有关表示"看"的词语，以此来培养学生联系生活恰当运用词语的能力。

读《言语教学论》一书，也在读作者，学习他的思维、研究、信念……这本书，让我分享到经典的快乐，浸润着书香的芬芳，在聆听窗外的声音中感受花开，净化心灵。

心怀感激

感激书本

读书已成为我生命的一部分，也是我参加新教育实验感受最深的一方面。新教育实验在著名教育家朱永新教授的带领下，正在实验区蓬勃发展，所倡导的理念之一是营造书香校园，让我们师生共同与书本为友，与日记为伴。这不仅是为了教师能更快地成长，更是为了我们民族的教育事业得到更好的发展。我曾如饥似渴地咀嚼着朱永新教授的"我理想中的教师""我理想中的学校""我理想中的德育""我理想中的智育""我理想中的美育"……那一篇篇富有激情与机智的诗篇，是一位智者站在世纪的门槛上向我们发出的邀请函，更是给予我们每一个教育者的指南针。"理想的教师应该是一个胸怀理想，充满激情和诗意的教师""理想的教师应该是一个自信、自强、不断挑战自我的教师""理想的教师应该是一个善于合作、具有人格魅力的教师"……诗一般的语言，流淌出了作者那广博的思想，宽阔的胸襟。真的，我很庆幸能赶上新教育实验这一浪潮，能通过自己的双眼多看点东西，与书本为友，追求着一种幸福而又充实的生活。记得9月初，学校承担新教育会议时，我们迅速来到爱德，排练诗朗诵《追寻梦想，超越自我》。想不到还有双语主持、《三个和尚》、师生共演……想不到老校长还在一旁细细地记录，不放过细小的差错；想不到新教育实验的民族教育之花在我们实验小学率先盛开。

感激课堂

十多年的一线教学，上了近万节语文课，感激千锤百炼的语文课堂，给了我无数的实践与思考。

语文课要像数学课那样——确立"为用而教"的观念，还语文这门工具学科的本来面目，从学生学习语言习得的规律出发，把教学重心降到语言运用表达上来，通过理解、积累和运用，逐渐提高学生运用语言的能力。如果语文课讲得多，练得少，听说读写的能力训练就难以落实到位。就作文而言，反馈的周期更长一些，是对是错，正确与否，掌握与否，往往要在批改时才有实质性的反馈。长此以往，形成恶性循环。因此，语文课也要加大反馈力度，教师舍得花时间，让学生多练习多运用，及时检查其掌握运用语言的情况，作文课上要加强作前练笔与作前准备，发挥语文的例子功能，分散重点，降低坡度，真正达到学以致用。实际中要着力纠正偏差：一是学生在课上动笔写字的机会少；二是作业形式抄写居多，偏重理解而忽视运用；三是教师重讲轻练，挤占课上有效时间，使学生作业难以当堂完成，效果不尽如人意。因此，语文老师布置作业时，也应该像数学老师那样省出五至十分钟的时间，让学生当堂完成。

语文教学应当把学生这一传统的"认知体"提升到"生命"的高度，让语文教学富有生命活力——走向智慧、走向生活、走向综合、走向运用，以新课程的理论为支撑，促使教师与学生得到发展和创造！一要走向智慧。新课程强调语文教学是一种智慧的教学，以鲜明的理念与思想作支撑，凭借活生生的语言，培养学生的创新精神。以生为本，以激发学生的学习兴趣着手，使学生在思维与语言的碰撞中获得自主发展。二要走向生活。新课程指出：语文学习的外延与生活相等。教师在教学中要充分联系学生的生活实际，有效地更新、调整、补充、重组教学内容。三要走向综合。语文学科是一门综合性很强的学科，字词句篇、听说读写、知情意行；知识与能力、过程与方法、情感态度与价值观，既科学又艺术。教师教授知识时要适时点拨和培养方法，比知识重要的是读书方法与习惯的培养。教师有价值的提问，恰当地把学生的情感与态度自然而然调动起来。语言、文字和现实生活紧密结合，多方面使学生得到收益。四要走向运用。理解、积累、运用是获得语言的必要途径与渠道，而学习语文的最终目的就是灵活运用语言，让学生的语言充满活力，促使学生积累知识，合理运用语言，既讲究语序又在生动活泼的语言中获得发展和创造！

感激学生

教过的学生有十几届，留在记忆深处的学生有活泼，有文静，有聪明，有憨厚……

她——忧郁的马萍，最难忘的是1995年市里来验收班队课。马萍自始至终用一双很忧郁的眼睛看着活动，因为原定为班队主持人的她被我换成了活泼的中队长。7月，班集体验收通过，当我把这个喜讯告诉给她的时候已经是暑假了，在她家的街边，她正在看一群孩子跳皮筋。我谈起这点，是想暗示她要向中队长学习，但我读到的还是那双忧郁的眼睛……后来，听说她转学了，在邻近乡镇读初中。为着这双忧郁的眼睛，我总想说声"对不起"，但师道尊严令我说不出口，放不下架子。一次去市里开会，路过新华书店，偶然发现一本有关写老师的新概念作文和一本《古译今》的初中语文辅读。我买了下来，又请一位学生带给她。我不知道她会怎么想的，也许会原谅我，也许不会，甚至不可原谅。近来，听说她大学毕业后，很顺利地到上海民航系统工作了，我由衷高兴，但每每想到她，我觉得有一双忧郁的眼睛在注视着我，感激她——让我懂得什么叫宽容和鼓励。

他——一位大个子请病假的后进生，一天放学后，我着急地骑上单车去看望，不小心滑到了水沟里。但决心已定的我，无奈地拖着湿漉漉的裤管，来到他家，帮他补上功课，直至夜色降临。当他顺利跨进中学大门时，灿烂的微笑就永远留在毕业照片上，也定格在我的教学生涯之中。感激他——让我懂得什么叫爱生和辅导。

他——活泼的许翼洲，最难忘的是2010年春的一堂语文课上。当时在讲解一个关联词选择的题目，全班仅许翼洲一个人选择"即使……也"，其余的全部选择"虽然……但是"。当时我简单地说选择"虽然……但是"。许翼洲很不安，课后还来辩理。最后，我重新思考，与办公室老师商议，答案水落石出，真理确实是掌握在少数人的手中。现在想来，如果不是他的坚持，或许会误人子弟。感激他——让我懂得什么叫教学相长。

……

如今，站在三尺讲台，多了一份成熟。每当望着一双双明亮的眼睛，就如同看到一颗颗纯真的童心。看到他们，我告诫自己，多一点关爱，少一点牵引；多一点感激，少一点要求。感激书本、课堂、学生……与自己，与童年的语文，一路相约，一路走来。捍卫童年的语文，我永恒的教学主题……

第五章

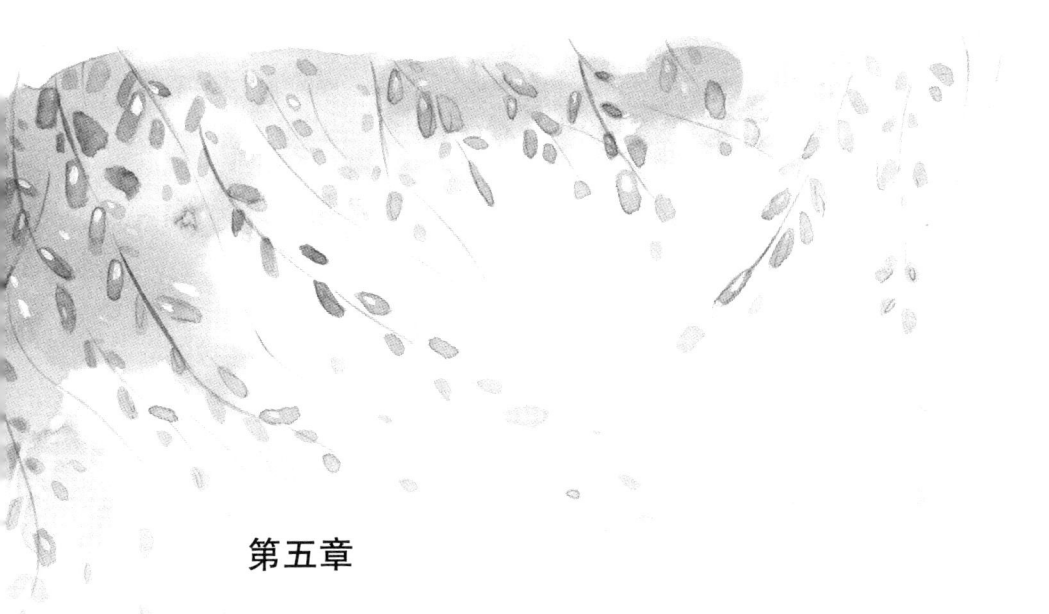

明师心语：向着明亮"你我"的那方

在春夏秋冬的日子，在喜怒哀乐的时候，在洗尽浮华之余，静静地想，默默地做，自有一份浓浓的情感。偶尔，在凝视的一瞬间，有一股育人教书的温情，渐渐萌发，如同那特有的气质，那文字后面的明眼，那明亮"你我"的那方！

银杏之歌

——致我的启蒙老师

小时候，总爱爬上家门前的水泥板，踮起脚远望村东的那棵银杏。它巨大的树冠，撑起一片苍郁的绿云，浮在村子的半空。我就痴痴地想，那里的人一定生活得很快乐。有时，望着空中许许多多的小鸟，唧唧喳喳地掠过田野，飞往绿云深处时，我就梦想着自己变成一只快乐的小鸟，和伙伴们在云端欢呼雀跃。那份痴想编织着童年，那份梦想丰满着童年。

我像小鸟一样飞到银杏树旁，是在八岁的夏末初秋。清晨，我背着一个草绿色的新书包，跟着妈妈去学校报名。一路上，我们朝着银杏树的方向，走向学校。妈妈告诉我，学校就在银杏树下。在学校的拐弯处，我一眼就看到那棵巨大的银杏，它耸立在泥场上，与仅有两间教室的学校相对。银杏的根有的裸露在地面上，看上去比碗口还要粗，像一根根剥去皮的树干半埋在土里，又长又硬，分合的地方还隆起一大块光洁的东西，成了天然的凳面。端直的树干粗大挺拔，五六个人也合抱不过来。无数的枝条像巨大的手臂，或上或下，交叠成姿。重重叠叠的杏叶精巧莹洁，仿佛一把把精致的小扇子，在阳光的照耀下，展示着自己的勃勃生机。阵阵婉约的鸟鸣声，从树顶传来，显得辽远、静谧。

一位三十岁左右的女教师微笑着向我们打招呼。她白皙的脸上带着微笑。听妈妈说，她是苏州人，姓张，插青到村里，跟她一起来的还有七岁的女儿，记不得她的名字了，留在记忆中的是位文静的小女孩。张老师教书很认真。她一个人教一二年级的二十多位学生，常常手把手地教我们学写"a、o、e"和"1、2、3"……她教语文、数学，也教音乐、体育、美术……一天放学，她布置完作业，说："大家比一比，谁的作业先完成。"随着一声令下，教室里响起一片沙沙的写字声。就在我暗暗使劲写最后一个字的刹那，同桌"啪"的一声放下笔，大声喊道："妈妈，我写好了。"

顿时，全班同学哈哈大笑起来。张老师也笑了起来，脸上飞上一片红晕，说："要是你们都是我的孩子，那才好呢！"

那时兴"红卫兵闹革命"，张老师却一本正经地教我们读书，教我们做人，用自己真诚的爱。一个寒冬腊月的下午，张老师教我们唱《洪湖水浪打浪》。她教一句，我们跟着唱一句。这时，一阵阵狂风把窗户上的尼龙纸吹得哗哗作响；一片片雪花从房顶的瓦缝里钻进了教室，忽悠悠地落到了我们的脖子里；一阵阵寒意恣意地袭在我们的身上。她唱"洪湖水呀，浪呀么浪打浪呀"，我就改唱道："洪湖水呀，冷呀么冷打冷呀。"还做着牙齿咯咯打颤的样子。张老师见了，没有批评我们，只是早早地结束了课。

第二天，我和往常一样来到了教室。张老师见到我，连忙拿着一副草绿色的小手套，说："戴上试试，合不合适？"呵，刚好！绿茸茸的绒线包着手掌，露出的五个手指肚刚够活动！我望着针脚匀称的手套，心中涌起一股感激的暖流。那天放学回家，妈妈看到了，显得格外高兴，就说："正好，生产队里分了牛肉，你拿些给张老师送去！"就这样，张老师和我们越来越近。她尽心地教育着我们，无私地关爱着我们。春天，我们在银杏树下做游戏；夏天，我们在银杏树下乘凉；秋天，我们在银杏树下扫落叶……

不知不觉，两年过去了。出乎我们意料的是，张老师和女儿回苏州了。妈妈说，政策落实了。那年九月，我也转到镇上读三年级，离开了银杏和学校，像一只小鸟离开了银杏上的绿巢。每次走在家乡的小路上，我总要眺望那棵银杏，寻找那片苍郁的绿云。看到银杏，我惊喜；望到绿云，我内心掠过一片希冀。交织在一起的是那份期盼，那份向上。

以后，我一直没有遇到张老师。初中毕业时，一张师范的录取通知书，让我走上了张老师走过的路，留在路上的是一串串的思索。如果银杏留给我的是快乐向上，那么张老师一代留下的又是什么？银杏，挺拔的银杏，你像一座丰碑伫立在记忆的尽头。看到你，我就仿佛听到那银杏树下的歌声，它回荡在我的耳边，也响彻在我的心房，久久地，久久地，让我无法忘怀……

（原载《江苏教育报》1992 年 10 月）

青春默默辉煌

我的青春默默,默默得从未感受过辉煌。曾经,默默地从小学出发,如今,又默默地走回小学,成了一名默默的小学教师。

我的青春默默,默默地重复昨天的路。

清晨,迎着朝阳走进校园,把教案写得漂漂亮亮,潇潇洒洒,然后捧一杯热茶坐在办公桌前,仿佛演员盼望登台,种子盼望发芽。忍不住一阵激动,又静静地等待,等待那悦耳的上课铃声。

铃声响了,我步伐稳健地走进教室,走上讲台。望着一张张熟悉的笑脸,我清清喉咙开始了一天的工作。孩子们抬起头,眼睛得圆圆的,嘴张得大大的,似乎要说什么,这时我停下来望着他们一笑,孩子们像从梦中醒来一样,齐刷刷地往后一靠,这才感到累了。间或也有开小差的,我就走过去,用手轻轻按在他肩膀上,他怕了,我赶忙缩回手,会意地报之一笑。

下课了,我就和孩子们讲故事、争见解。有时,也打乒乓球、做游戏,甚至戴上红领巾去活动……

夕阳西下,孩子们唱着歌回家去了,歌声响在校园内外,也响在我的耳边心房。我洗过澡后,打开用第一个月工资买的桔黄色台灯,开始批改作业,透过一行行清秀的文字,读着那一段又一段明亮的句子……融融的月光洒进窗户,在融融的心境中,我在每个同学的作业本上批上一段一段的评语。评语写得很长,尽管时间在一截截地飞去,但我喜欢写,我不能愧对这美好的月光、美好的宁静,不能辜负这默默的青春。

默默的青春啊,我在默默中送走一批充满青春的孩子,又迎来一批更为稚嫩的"小太阳"。我把青春年华交给三尺平凡的讲台。虽然很难拿到"五一"劳动奖章,很难捧出科研成果,很难成为特级教师,很难壮阔地书写人生，很容易动情很容易衰老，但永远默默地重复昨天走过的路，讲述着不同的故事。冬去春来，无怨无悔。因为当孩子们如庄稼拔节般生长，我那默默的青春也将默默辉煌。

（原载《小学语文报》 1993 年）

在陶行知墓前

——遥寄万世师表陶行知先生

夕阳西下，带着崇敬，怀着真情，疾步走进行知园，朝圣先生之墓。

穿过幽静的石径，登上十四级台阶，两旁苍松挺拔，如先生求真做人；桃树茂盛，似先生桃李满天。"井"形的墓匾，横写先生手迹"爱满天下"，朱红生辉，直辉中天。两侧竖写对联"千教万教教人求真，千学万学学做真人"，先生遗教，弘扬真理。

曾几何时，总想走近陶行知，此时此刻，真的来了，站在先生您的墓前。同行的一位年轻女教师默默献上土生土长的一束无名野花，星星点点，点缀其中，没有艳丽，却有光亮；没有芬芳，却有清香。听说，曾有一位来自台湾的幼儿园园长瞻仰您时，说——把您的生活教育思想带回去，教育孩子做真正的中国人。还有一位老太太，蹒跚步履，送上一杯清水，祭祀先生的高风亮节。我没有献上一束鲜花，没有敬上一番誓言，也没有递上一杯清水，细细想来，真为自己的粗心而内疚。但和陶友绕行您那土丘似的灵墓，望着那毫无华丽装饰的万世师表之墓，我不禁深想：最朴实的也是最美的。于是，默默而恭敬地鞠上三个躬：一为学习，二为实践，三为创造，这虔诚犹如那位老太太，这真切似同台湾的那位园长。

站在您的墓前啊，我不由想象，想象您那高大的背影，唱遍大江南北的《锄头舞》，熠熠生辉的生活教育理念，晓庄烈士的铮铮铁骨。站在您的墓前啊，我不由想象，想象您的音容笑貌、情系祖国、心系教育、教学做合一。您影响了多少仁人志士、平民大众、新老陶子，千千万万的足迹走到这里，千千万万的足迹延伸四方，播种希望，播种未来，生根、发芽、开花、结果……

夕阳已下，晚霞映红远天。行知路上任重道远，世纪钟下与时俱进。

（原载《爱满天下》2005 年第 4 期）

浓浓"恩来"情

——致我敬仰的魏书生先生

正是炎炎烈日,因新教育缘故,来到您的故土,半是好奇,半是欢欣。二百来人,在新教育年会后,相约参观淮安周恩来纪念馆。

曾几时,总想走近您——一代伟人周恩来,读《周恩来的睡衣》时,读《大地的儿子》时,教《十里长街送总理》时。此时此刻,真的来了,来到了您的纪念馆。

沿着林荫,走过二百来米,远远就看见您的"身影",古铜色的雕像七八米高,透着特有的伟人气质,双拳紧靠腰眼的姿势正是您与工人水天一色的真实写照。来不及思考,来不及放下手中行囊,站直身体,请朋友"咔嚓"一下按下快门。

转身拾级而上,来到西花厅,"一比一的建筑巧夺天工",随着解说员,依次参观了办公室、活动室、会客室……留在记忆深处的,是您的活动室因您晚年身体原因才放上了乒乓球桌,"活动之余仍旧不忘国内外大事,在东墙上还贴着中国地图、世界地图,时刻提醒自己,心系祖国情系民族",这种周到,这种细致,令人感叹,令人惊异。而办公桌上那古朴闪亮的放大镜和三架老式电话机,却令人回味不已。看着放大镜,我不由想象您的《一夜的工作》,夜以继日,毕生至志。看着电话机我不由想象,昔日的铃声纷纷而至,您带着浓重乡音的普通话,真诚地应答,那访问亚洲十四国的精心设计,那伯母善后的巧妙安排……

沿着走廊往回走,悄悄地从服务部选了几枚纪念章,红红的绒布直耀双眼。八枚纪念章上的总理,或戎马战场,或访问参观,或关爱儿童……枚枚纪念章,贯穿伟人一生,虽是点滴,如水清澈,却彰显恩望,缅怀之意,跃然心坎。

纪念章出于儿时的好奇,出自对恩来的敬佩,出自对一位教育家的敬仰。他是昨日作报告的辽宁来的教育局长，至今还担任着一周四节语文课的特级教师——魏书生。在新教育研讨会上，我们聆听他的精彩演讲，聆听他的班级管理，聆听他的语文教育。望着这位高高瘦瘦的长者，望着他胸前佩戴着的印有总理头像的白色瓷质纪念章，这份敬意怎不油然而生？这分明是一股浓浓的"恩来"情，一股浓浓的教育情！我也许不能像魏书生先生一样，一直佩戴这枚相仿的纪念章，也许与戴着金戒指、银戒指的时尚一族格格不入……但是在春夏秋冬的日子，在喜怒哀乐的时候，在洗尽浮华之余，静静地想，默默地做，自有一份浓浓的情感。偶尔，在凝视的一瞬间，有一股育人教书的温情，渐渐萌发，如同那特有的气质，那文字后面的明眼，那明亮"你我"的那方！

做名阳光的教师

万物生长依靠太阳，无论动物还是植物，无论小孩还是老人，无论贫穷还是富贵，无论低卑还是高贵。在日出日落的轮回中，在春夏秋冬的变化中，在每一个光明或需要光明的角落，在每一个你想到或没想到的地方，太阳总会按时升起。

做一名阳光教师，课堂内外，学生周围，像太阳一样熠熠生辉。做一名阳光教师，像太阳一样充满朝气与阳光，微笑着走进课堂，微笑着走向学生，微笑着走进生活的每一天。做一名阳光教师，你的微笑就是阳光，你的循循诱导就是阳光，你平等的尊重就是阳光，你真诚的鼓励就是阳光！

阳光的教师走进课堂，带来一片明亮。阳光的教师走近学生，带来一片晴空，阳光的教师充满灵气，阳光的教师生动大气，阳光的教师情智双赢，阳光的教师赠人鲜花、手留余香。阳光的教师也有夕阳落山的一幕，那是黎明前的耐心等待，那是等待泰山日出时的扣人心弦，那是阴雨时无限的坚信：阳光总在风雨后。

阳光的教师爱惜自己，健康自己；阳光的教师知道关爱孩子，和睦家人；阳光的教师营造温馨的小家，融入和谐的大家。阳光的教师走在阳光里，吃穿与住行，工作与休闲；阳光的教师在 E 时代尽情徜徉在信息海洋里，阳光的教师活跃在博客的节奏里，阳光的教师用笃实的脚步书写着教育的诗行。阳光的教师也会遇到荆棘与坎坷，荆棘刻出生命的厚重，坎坷磨练成熟的生命。

做一名阳光教师，心中充满阳光，目之所及则处处阳光。

做一名阳光教师，你闻到了吗，洋溢着阳光的香味的你？

难忘师恩

人的一生会遇到许许多多位老师：慈祥的，严厉的，温柔的，严肃的……有的可能因为时间的推移而渐渐模糊了印象，有的则让你一辈子也无法忘怀，无法割舍对恩师的那一份情谊！

由于很多无法改变的原因，工作之后，我就很少有机会回自己儿时成长的那个小镇，所以对那里的一切都很牵挂。很多人都说，童年的回忆是最美好的，最值得时常拿出来细细回味。我怀念我小学的同学，怀念那一群和我相处了三年的伙伴，怀念那一位给我们创造了无数欢乐的班主任老师——我的恩师——李建华老师！

于是回忆又把我带到了小学四年级搬新学校的那一年。我们这群孩子们可高兴了，因为终于可以搬进宽敞的新教室学习了。开学报到注册的那天，教室里出现了一张新面孔，同学们都好奇地打量着他：高高瘦瘦，面带微笑，一口流利的普通话。那时的我不知道怎么来形容这一位新老师，现在才知道，那是一位充满文化气息的老师，谈吐间无不体现他深厚的文化底蕴。他就是李建华老师，我小学四至六年级的班主任！

快乐的学习生活就从那一天开始了。我小时候是一个胆子比较小的女孩子，不大爱说话，加上自己家里比较贫苦，更觉得和镇上的孩子相比会矮人一截，我有点自卑，所以不怎么喜欢和同学交流。李老师对我的鼓励就是从这里开始的，他是我们学校的大队辅导员，总是利用各种活动给我展示自己的机会。他组织并训练了校鼓号队，并带领我们四处演出，练习我们的胆量；也正是在那段时间，我第一次接触了"少先队雏鹰争章活动"，一枚枚小小的奖章，想得到还真不容易，必须通过自己辛勤的努力。每一次颁章的时候，都会开展一次主题队会，我也就很幸运成了队会的主持人。每一次队会，李老师都要经过精心的策划和排练，还记得那时我和班里的另外一位同学经常会利用课余的时间来背诵台词，练习表演，直到李老师满意了为止。虽然有点辛苦，但是心里的兴奋劲还是不言而喻的。在当时，整个吴江市也没有多少小学有自己的鼓号队。雏鹰争章活动开展得那么精彩，我们这群孩子在活动中体验到如此多的快乐。

"听说，四（2）班的作文课不是在教室里上的，是在学校外面。""下个星期班队课，四（2）班要去春游了。"在其他班级同学的口中，经常会听到这样的谈论，可想而知在李老师的班级学习是多么幸福的事情。李老师经常会带大家亲近大自然，去田野里认识一些书本上没有的知识。春游、野炊、去敬老院服务都是老师给我们创造的快乐。现在想想，这不是孩子们最喜欢做的事情吗？今天的教育最缺少的不正是这些吗？李老师用自己先进的教学理念，带领我们这一群孩子快乐地成长着！

当然，最令我佩服的并且影响我最大的还是李老师那一手漂亮的正楷字和那一堂堂充满激情的语文课。那时候的我们，没有学习的压力和负担，老师的课堂不断地充实我们的知识，为我们增加前进的动力。那时候，没有很多的作业，但是我们班级的每一位同学的成绩都很好。印象最深刻的还有那一堂堂思路清晰的作文指导课，以及那一篇篇写得文质兼美的下水文，让我从那时开始爱上了写作，爱上了用笔去记录生活的点点滴滴。

就这样，李老师带了我们三年，在无数的精彩中把我们顺利地送入中学。以后，就很少再见到李老师了。但是小学的那三年时光，无论我走到哪里，都无法忘怀。直到工作后的有一天，在一次大型的会议上，我无意间遇到了李老师。远远地望见他，我就那么肯定，一定是李老师，他还是那么年轻，那么充满文化气息，我居然一时激动得不知道说什么，竟情不自禁地伸出了右手，紧紧地握住了老师的手……

如今的我，也已成为了一名小学老师，现在想来，那也是对李老师崇拜的一种延伸——选择当一名教师！在与孩子们的相处中，时常会不知不觉地想起我的老师。我对李老师的感激之情就像我记录这段文字一样——如此朴实却很真挚。

（吴江市盛泽实验小学教师　谭瑜萍）

附录

我的自我审视

对我做人处事影响最大的三句话

得道者多助,失道者寡助。

低调做人,让自己稳健起来;高调做事,让自己优秀起来。

上善若水,水善利万物而不争。

对我教学理念影响最大的三本书

《给教师的建议》、《斯宾塞的快乐教育》、《言语教学论》。

对我影响最大的三位恩师

张老师,一位 70 年代的插队到农村的苏州知青,我的启蒙老师。不知道她的真名,只知道她像一位母亲一样关爱每一个孩子。她用自己的一言一行,手把手地教我们写字,看到生活穷苦的学生,还送上自己孩子的衣物鞋袜。

胡继渊老师,我读师范时的心理学老师与教导主任,也是我工作后的教科室的直属领导。他讷于言而敏于行,像父辈一样、严慈相济、宽容学生。在教学的时候,鼓励学生学用结合写小论文,刊发在《师范教育》上;在实习的时候,骑着自行车来同里小学看望我们一组;他德高望重,引领基层教师参与教育科研,以教科研促进学校的特色发展,成为有名的特级教师。可惜,2010 年 5 月他与世长辞。

肖晔初老师,是我的师父,教学一丝不苟,又循循善诱,向全县开的《东郭先生和狼》一课至今令我记忆犹新;也是我的同事,待人和蔼可亲,又很真诚,遇到问题,他的一些点子使人豁然开朗。他是一位从插队农村的青年，从普通的教师走到中心小学校长的岗位。他为人师表、律己奉公，有次市里开会，他不乘价高的直达车，而绕过大运河到车站等班车。

我最崇拜的三位教育家

孔子，仰望教育的天空，无数星星，他是最明亮的那颗。读论语，我曾一句句记录在教本，告诫自己联系实际读。如今，孔子学院遍及世界各地，《论语》依旧让我百读不厌，万学不倦。

李吉林，一位响当当的小学语文特级教师，从"情景教学"到"情境教育"、"情景课程"，创造了富有中国特色的小学语文教育体系。曾在南京的"现代与经典"等课堂教学观摩会上听她讲座，前辈的善于思考和勤于创造，至今令我钦佩不已。

魏书生，在2004年新教育年会上，先生佩戴着白底瓷质的周恩来像章，站着两个多小时做讲座，谈民主教育、谈优化时间、谈指导学法，赢得雷动的掌声，那是对排斥老一辈教育家的那些"新生"代的最好回应。会后请先生题字时，写了"乐教"两字。寓意"快乐"地教育，教育他人如此，教育自己也是。教书至真，育人至善，快乐教育是最优效的心灵艺术。

对我启发最大的三句教育名言

因材施教，有教无类——孔子。

千教万教教人求真，千学万学学做真人——陶行知。

教育是为了儿童的，教育是依靠儿童来展开和进行的，教育应从儿童出发——成尚荣。

我的语文教学观中最基本的三点

"有趣"：营造平等合作的教学环境，设计有趣有味的教学环节，运用风趣活泼的教学语言，激发阅读期待。"有效"：凸现语感训练，促进语文素养的增长，使师生在灵动的课堂教学中实现生命价值。"有神"：在"有效"和"有趣"的基础上达成三个"结合","务实简朴与深度品悟的有机结合";"语言训练与情感熏陶的有机融合";"立足文本与拓展深化的有机结合",使学生多角度立体化地认识和感受文本内涵、活用语言。

我心目中最理想的教师

走近学生,带来一片晴空;充满灵气、大气,情智双赢。坚信:"阳光总在风雨后"。

营造温馨的小家,融入和谐的大家,奉献伟大的国家;关爱孩子,和睦他人;爱惜自己,健康自己。

我心目中最理想的学生

懂礼貌,有良好的学习品质;听从教导,明白学校是育人的地方,知道自己来学习,承担着父母的重托,不会随便浪费学习资源;再次有点个性,不太张扬。

我写过的最满意的教学论文

2007年写的《让"拓展教学"走上理性化的轨道》,为了补充《大江保卫战》中的一个资料,骑车到天和小学找师傅。文章主要阐述了小学语文"拓展性"阅读教学的现状不足,具体表现在"为多元而多元"、"缺失意义"、"缺失过程",通过例谈《特殊的葬礼》《大江保卫战》《望月》中施行有效的拓展教学,唤醒教师、学生、文本之间的自主对话,习得读书的方法、能力与习惯,从而提高阅读教学的效率,实现阅读教学的价值。这是我自己实践的结论,也是针对目前拓展教学不理性的真切应答。

我通常这样战胜挫折和困难

先静静地想,再默默地做,开始以自己最大的努力去克服困难。有时即使这样做了,也不能克服,则首先考虑凭借外力,请人帮助;其次考虑自己不足，通过与前人比较，尝试借鉴，予以纠正和调整。最终，战胜挫折和困难，达到胜利的彼岸。

我取得成果的主要经验和体会

　　勤奋——体现在走上工作岗位，1988年至今，几乎年年出全勤，鼓足干劲争上游，遇到学习讲座培训，从不落后他人。缺什么学什么，别人能做到，相信自己也能做到，甚至超过一般。

　　研究——体现在教育科研上，不觉得很神秘，主要是想方设法去发现不良现象和问题。同时，尝试学研结合，以微型课题、课堂观察、课程拓展的形式，研究"画写联姻""感悟教学""学法指导""小报作文"等，充分占有材料，进行比较发现，及时记录梳理。

　　创造——学习模仿他人，再站到他的肩膀上。如果太高，就选择最近点。"画写联姻"是在继承绘画日记的基础上的延伸，也是受到特级教师李吉林"情景教学"的启迪；"感悟教学"是前人的研究成果，也是学习李海林先生"言语教学论"后的敏锐想法与操作尝试。这些小小的创造给我成功，给我鼓舞，给我向上的力量。

自我评价的性格特点

　　典型的双重性格，稳重中不乏轻率，刚强中不乏脆弱，向上中不乏落后，高调中不乏低沉；熟悉时率真，陌生时老成。有点固执却自以为聪明的一半，有点唠叨却自以为真诚待人。

我的业余爱好

　　看书、写作、旅游……

我的人生格言

　　山不过来，我过去。

退一步海阔天空。

有准备的做比不去做,要好上千百万倍。

我最想对老师说的话

教书先育人,育人先育心,育心先专心,专心先专业,专业先有爱心。专业知识的素养和"超专业"的素养,才有可能捍卫童年的和谐发展。

后记

语文，"自家"的那些事？

窗外，雪花纷飞，明亮一片。偶尔，传来孩童与大人的笑声，那是谁家在堆着雪人，打着雪仗，拍着雪照。

二月，2013年的又一场瑞雪。25年前的夏天，也明亮一片，我被分配到家乡工作，一开始是代课，代产假老师的课，希望有一块语文教学的"责任田"；10年前，还是明亮一片，踩着夏阳进实小，一开始是"救火"，救病假老师的班，还是希望有一块语文教学的"责任田"；如今，内心依然明亮，在"自家"的责任田里耕耘、播种、收获，伴着语文那些明亮的和并不明亮的事儿。

语文，那些事。姓"语"，可以"语不惊人誓不休"；名"文"，可以"起承转合"有因果。

语文，那些事，是儿童"自然"的事。

自然的事顺应天性。儿童喜活动，就和他们一起玩游戏、堆雪人、养殖种植，体验"有趣的'张冠李戴'"。儿童爱新奇，就引他们一起画一画《燕子》、辩一辩"花生与苹果的好处"、演一演"槐乡五月的孩子"，试一试"最好的感恩方式是写作"。儿童乐表扬，就给他们预设"跳一跳，摘到桃"的问题，提供课上成功的舞台、课下表现的平台。儿童好探究，就鼓励他们敢于质疑、发现和解决问题。曾有学生以探究的方式，作文《变色的苹果》，"保鲜苹果"的建议，让大家受益匪浅。以此记录的故事，至今让我温暖不已，童心未泯。

自然的事不会一帆风顺。儿童也会犯错，需要尊重，《尊重：从"因材施教"开始》。需要宽容，视错误为资源，变可能为激励，《错误也是作文的资源》，《请把汗擦掉》，呵护的是儿童，是自然的事。

语文，那些事，是教师"自主"的事。

自主的事自己选择。工作那年，主任问任教什么？"语文！"至今，依然无悔，因语文而感，为语文而动。记得有次语文调研，班上只有一位老师的孩子加标点准确无误，这让我知晓符号和语言一样重要；有位教研员听课《海上日出》，评价没有训练"亮光""光亮"的辨析能力，这让我羞惭不已、大彻大悟；《江苏教育》编辑辅导论文，"语文中渗透美术的选题意义不大"的话语，让我回归语言本位，自主尝试"立足素质，改革小学语文考试"。上海松江小学的一位校长，因此来信邀请"讲座"，着实让我感动一番。选择是自己的事，选择正确的事，实现自身的价值才会可能。于是，实践"画写联姻"，探索"周报作文"，思考"感悟教学"，融入"儿童立场"。现在，学校推荐"一师一卷"、"语文素养"、"超专业素养"，不是换来一个名词，而是走进一个新的世界，演绎着新的故事与精彩，主人公就是"儿童"和"教师"。

自主的事自己担当。一位进修校的语文老师曾说，看到语病就忍不住去纠正。肃敬之情油然而生：多有责任的老师！是的，当初选择语文，是自己的事；现在任教语文，还是自己的事——担当语文的责任。站在讲台上，老师就是语文；指导学生，规范地听说读写书。还要，走进生活，外延语文，引领儿童，掌握语言，陶冶情操。你可以被人指责，"误尽沧桑是语文"，不可以自我解嘲，"语文"也"咄咄怪事"。做不怪的事，要有勇气，就像学生，勇敢地作文"我想对您说"；教不沧桑的语文，要有责任，挺直脊梁，坦诚地表达"感悟浓浓的'语文味'"。今年5月，《教学勇气》的译者吴国珍教授来校座谈，更驱使我坚信这点。

语文，那些事，是教学"自新"的事。

自新的事，要研究课堂"有语文味"。脚踏的是"学情"这片实地，仰望的是"发展"这片星空，擦亮的是"学生"这些星星，聚焦的是"语文"那些事儿。"同题异构"的日子，弥散着《槐乡五月》的芬芳；教研《桂花雨》的课堂，引领儿童快乐"感悟"文本语言的精彩；互动对话《最大的麦穗》,学生在精神的家园中自主畅游……自新是教师自我超越,是引领儿童语言与精神的跨越。

自新的事,要研究课题"有新意"。《小学高年级画写联姻的实践研究》,构架"兴趣引路——画写联姻——成功激励"的成功途径。《小学语文"感悟"教学策略的研究》,探索感悟语言的目标设置、训练策略、"感""悟"关系。课题来自现实的小问题,变随意为意义,行走教科研的路上,尽情开出一朵具体的"科研之花"。

自新的事,要研究课程"有活力"。晨读,震撼心灵的"向着明亮那方",是在诵读校本课程;《水乡歌》的课上,当一回小诗人,是在开发"童谣"的班本课程;社团的兴趣作文,是延伸《评价周报》的课程,采集作文的花朵,装点金色的童年。这样的课程,师生家长爱不释手,倍感亲切。

语文,那些事,是自然、自主、自新的事。它顺应儿童的天性,合乎教学的规律,生长教师的思想。

25年,一路走来,弯腰俯拾,记录点滴。精选51篇,原载发表28篇,梳理成眼前的《捍卫童年的语文》。五个版块,历经三年,七易其稿。"我的课堂"记录的是阅读与作文的实践;"我的观点"论述的是语文教学的理念与思想;"我的求索"呈现的是课题研究、课堂观察与教科沙龙;"我的思绪"随录的是"儿童的故事"和"读书的感悟";"明师心语"诠释的是几位对我颇有影响的老师,或启蒙的老师,或一代的明师,或理想的名师,或昔日的自己。是否顺应天性、合乎规律、生长思想?自有读者评价。定有不足之处,恳请批评指正。"自我审视",内心是忐忑的,不是单薄,而是觉得欠深刻;不是消极,而是感到少智慧。但还是斗胆,如野百合一般,开放在教学的季节,芬芳着"责任田"里的"自家"。凭"良心"教学;用"童心"耕耘、播种和收获语文。

语文,那些事,说的是我和儿童、语文教学的事。

儿童、教师、教学,长成语文那些事。它事出有因,事在人为。

语文，那些事，道的就是"言意兼得"、"文道合一"、"师生双赢"这有因的理、人为的事儿。

看来，语文是"自家"的事，也是"大家"的事！

李建华　于鲈乡
2013 年 5 月 26 日

图书在版编目（CIP）数据

捍卫童年的语文/李建华著.—福州：福建教育出版社，2013.11
ISBN 978-7-5334-6256-7

Ⅰ.①捍… Ⅱ.①李… Ⅲ.①小学语文课—教学研究 Ⅳ.①G623.202

中国版本图书馆CIP数据核字（2013）第243292号

捍卫童年的语文

李建华　著

出版发行	海峡出版发行集团
	福建教育出版社
	（福州梦山路27号　邮编：350001　网址：www.fep.com.cn）
	编辑部电话　0591－83779615　83726908
	发行部电话　0591－83721876　87115073　010－62027445）
出 版 人	黄　旭
印　　刷	福建省天一屏山印务有限公司
	（福州铜盘路278号　邮编：350003）
开　　本	720毫米×1000毫米　1/16
印　　张	15.75
字　　数	218千
插　　页	1
版　　次	2013年11月第1版　2013年11月第1次印刷
书　　号	ISBN 978-7-5334-6256-7
定　　价	32.00元

如发现本书印装质量问题，影响阅读，
请向本社出版科（电话：0591－83726019）调换。